Trente ans après

Trente ans après

CHRISTOPHE VIAU
SUZANNE CHAREST

2017

Impression et Édition : BoD – Books on Demand, Norderstedt
Graphisme : Joëlle Renauld
Révision : Alexandra Liva
Couverture : peinture par Christophe Viau

Dépôt légal: avril 2017
ISBN : 9782322156528

À Ennio et Aglaé,
qui sont beaux comme des crayons de couleur.

Cette réédition du livre de Suzanne a été l'occasion de grandes discussions avec ma famille, Marcel, Sylvie, Pascal, Emmanuel, et avec mes ami(e)s, particulièrement Guilhem, Nancy, Anne, Hélène, Karla, Isabelle et Alexandra, qui m'éclairent toujours avec une si grande intelligence. C'est aussi leur création. Mais c'est avant tout une invitation à poursuivre le dialogue.

LES MOTS DE MA MÈRE

Christophe

MA MÈRE

Je pense à ma mère, Suzanne Charest. Elle est morte d'une leucémie quand j'avais dix ans. Après deux ans de maladie, elle a appris qu'il n'y avait plus de traitement possible.

> *Quel choc!*
> *Même si tu vis quotidiennement avec la réalité de la mort, tu as toujours le goût d'espérer que cela ne t'arrivera pas à toi… Mais je me suis dit: pourquoi pas aussi à moi? Privilégier une qualité de vie, prendre en main le temps qui reste et le vivre debout, voilà l'option que je fais, sans retour en arrière. Je regarde la mort en face et je me dis: tu ne manqueras pas ta sortie, c'est le point culminant de ta vie!*

Je l'admire pour avoir fait un choix clair sur la façon de vivre ses derniers moments. Dès lors, elle a pris le temps de nous impliquer, mes frères et moi, dans sa démarche de fin de vie. Elle nous contait ce qui se passerait pour elle de l'autre côté, nous apprenait à avoir confiance en ce qu'elle serait toujours disponible quelque part en nous. Elle nous a accompagnés vers son départ et a laissé un grand message de sagesse qui mûrit en nous depuis.

Sa sérénité devant la mort est parvenue aux oreilles de l'éditrice Anne Sigier qui lui a offert de publier son témoignage. Suzanne a ainsi accepté de participer à un projet plus grand: partager sa foi dans un livre, qu'elle a intitulé *…et passe la vie.*

Son message a touché droit au cœur. *...et passe la vie* fut un grand succès de librairie. Il s'en est vendu plusieurs milliers d'exemplaires en quelques semaines. Si modeste et réservée, elle était soudain devenue la plus demandée des médias : télévision, journaux, radio. Elle s'est prêtée à ces contraintes de bonne grâce jusqu'à la fin, jusqu'à ce qu'elle n'ait plus la force de parler.

Qu'y avait-il dans ce livre ? Je le relis maintenant pour la première fois depuis cette époque qui me semble si lointaine. Je redécouvre à quel point Suzanne parlait d'une façon simple et personnelle de sa mort qui vient, de la souffrance, des pertes à venir, de la détérioration de son corps, de ses angoisses, de ses envies. Elle utilisait parfois un langage inspiré par sa foi chrétienne, mais les mots, comme transfigurés, semblaient prendre un autre sens, dégagé de tout ce poids que leur donne la religion. Ils étaient simples et clairs, reprenaient leur profondeur. Elle a livré ce qui la motivait véritablement dans sa vie, ce qu'elle avait compris de cette foi qui l'avait fait vivre et qui l'aidait maintenant à mourir. Et les lecteurs l'ont reconnu.

Je crois que ce qui a tant touché les gens était de comprendre à quel point sa foi était profonde et qu'elle se manifestait dans toute sa force au moment même de son plus grand défi. Ce n'était pas une béquille sur laquelle s'appuyer ou une recette à suivre, mais une confiance solide qui avait été forgée par les épreuves.

LA NUIT

Elle fait allusion à l'une de ses épreuves dans son livre, mais d'une manière plutôt indirecte :

Je me souviens d'une période bien précise de ma vie où j'ai dû affronter « la nuit ». Après une période de sept ans passée dans un domaine, je me suis vue obligée de me réorienter, de faire un demi-tour complet. J'étais devant un trou noir, un peu comme je le suis maintenant devant ma mort.

Elle n'en dit pas plus. Elle voulait probablement éviter que des détails sur sa vie personnelle ne détournent le lecteur du message principal. Moi je crois qu'ils l'éclairent. De toute façon, c'est moi qui écris maintenant, voici donc son histoire. « La nuit » dont elle parle a été un événement dramatique.

Suzanne a passé sept ans chez les sœurs Missionnaires de l'Immaculée-Conception (MIC), jusqu'au moment de prononcer ses vœux perpétuels : son engagement public à suivre les voies du Christ pour toujours. Au moment même de cette importante cérémonie, au moment même de s'avancer pour faire ses vœux, Suzanne a tourné les talons, a quitté l'église et est sortie définitivement de sa congrégation.

Il s'en est suivi une grande noirceur, une période de remise en question. Mais sa foi ne la quittait pas. « La seule chose qui me tenait alors était ma foi au Seigneur ; j'étais sûre qu'il ne me lâcherait pas. »

Je crois que son expérience chez les sœurs ne l'aidait plus à s'épanouir dans sa foi. En quittant les MIC, elle ne se détournait pourtant pas de son Dieu. Elle a trouvé une façon de continuer d'étudier les Écritures tout en s'impliquant socialement, en fondant une famille, en écrivant un livre. Mais cet événement s'est avéré fondamental. Suzanne a été placée à la croisée des chemins, le seul endroit qui oblige vraiment à faire des choix et à mettre ses convictions à l'épreuve. Plus tard, en se retrouvant devant la mort, elle a sans doute reconnu cette croisée des chemins. Et elle connaissait déjà la bonne route.

RECHERCHE

Suzanne avait mis sa foi à l'épreuve, et c'est ce qui paraît dans son témoignage. C'est un document précieux pour moi. Comme il est très personnel, je ne le présente qu'à des amis intimes, quand je veux partager d'où je viens. Mais maintenant, après trente ans, j'ai voulu rendre hommage à ma mère, pas seulement en republiant ici son texte, mais surtout en me posant la question : comment ce message a-t-il grandi en moi pendant toutes ces années ?

Après avoir relu son livre, j'ai commencé à ramasser des documents, des photos et des journaux. Puis j'ai repris contact avec Anne, l'éditrice du livre original. Quand je l'ai rencontrée, elle m'a dit qu'elle a gardé un souvenir impérissable de Suzanne et que de me revoir était comme un clin d'œil de sa part. Nous avons discuté de religion (je ne suis pas religieux, mais j'essaie de comprendre) et elle m'a raconté plusieurs événements de la vie de Suzanne que je ne connaissais pas. Pendant que nous discutions de la foi, elle m'a dit : « Écris ça ». Elle ne se doutait peut-être pas que je la prendrais au mot. Je découvrais de nouveaux aspects de ma mère en relisant son livre et ses articles de journaux, en discutant avec ma famille, en écoutant de nouvelles parties de son histoire. J'étais lancé sur sa piste.

Anne m'a donné beaucoup de documents à propos de ma mère : des photos, d'autres journaux, mais surtout des cassettes audio. J'ai en main toutes ses entrevues à la radio, ses notes enregistrées qui ont été transcrites par mon père pour produire le livre, et même la messe de ses funérailles.

Mon travail de recherche de documents avançait bien. J'ai passé de longues heures à écouter la voix de ma mère pendant que je la numérisais, que je la restaurais. À force d'y travailler patiemment, chaque jour, je vis depuis plus d'un an avec elle au quotidien. Je vois comme une sorte de miracle cette chance de pouvoir la percevoir à nouveau par les sens, mais je peux surtout approfondir ma compréhension de son message, le recevoir maintenant avec mes capacités d'adulte. Trente ans ont passé et il me vient toujours plus de questions. Je me demande : qu'est-ce qui a changé ? Comment son message a-t-il évolué en nous ? Où est donc ma mère maintenant, après trente ans de vie après la mort ?

ENTREVUE

Pendant plus d'un an, j'ai écouté, étudié, posé des questions. J'ai une impression plus claire de ma mère. Je retrouve son image, ses intonations, son style d'écriture, sa façon d'illustrer simplement des concepts abstraits. En écoutant ses entrevues, je me suis remémoré plein de détails qui me font mieux comprendre son message. Par exemple, lors d'une entrevue pour une radio de Québec, un non-voyant a demandé s'il y aurait une version audio du livre. J'ai donc cherché et j'ai retrouvé un exemplaire que j'ai numérisé en l'écoutant attentivement. Le livre est lu par Micheline Poitras. Je trouvais étrange d'entendre les mots de ma mère qui prenaient ainsi une autre voix. Cette femme avait aussi reçu Suzanne en entrevue à la radio. Lors de ces entrevues, les questions des auditeurs étaient particulièrement intéressantes. Par exemple, une femme appelle, elle semblait désemparée devant le témoignage de Suzanne. Elle lui demande : « Comment pouvez-vous être sereine devant la mort qui arrivera pourtant dans quelques jours ? D'où vous vient ce courage ? Répondez ! ». Ma mère a répondu calmement : « Vous savez, quand on tombe à l'eau, ce n'est pas du courage que ça prend, c'est de nager ».

Ma mère s'était préparée à nager. « On ne s'improvise pas dans la mort. On meurt comme on a vécu ». Elle s'était préparée à vivre ses derniers moments debout :

Si, au lieu de me tenir debout, je marche à quatre pattes, si je me traîne, c'est beaucoup plus dur pour moi comme pour les autres, et cette souffrance-là, c'est moi qui en suis responsable.

Une autre auditrice a posé une question que j'attendais : « Que diriez-vous à quelqu'un qui n'est pas chrétien pour l'aider à vivre sa mort ? » Elle a répondu qu'elle ne pouvait parler que de son expérience à elle. Elle espérait que ceux qui n'ont pas le même type de foi qu'elle aient la chance de pouvoir s'appuyer sur autre chose pour donner un sens à cette importante transition. Elle n'était pas là pour enseigner, elle a fait tout ça pour partager.

D'autres entrevues à la radio sont données par Simon Bédard, qui était profondément touché par son témoignage. Il a préparé une belle discussion et même une émission posthume où les auditeurs appelaient pour rendre hommage à Suzanne. Je me souviens très bien que plus tard, aux funérailles, il avait amené des ballons, pour rendre hommage à ma mère qui aurait bien aimé que sa célébration soit une fête. Elle savait bien qu'elle ne pouvait pas nous demander d'être heureux pour elle comme elle-même avait hâte de rencontrer le Seigneur. Les ballons contrastaient vivement avec l'ambiance. Il ventait, il pleuvait, il faisait froid. Au moment même de la mise au tombeau, les ballons se sont envolés dans un grand coup de vent. D'ailleurs, Anne Sigier m'apprend qu'elle a revu Simon Bédard dernièrement, un peu avant qu'il meure. Il se souvenait bien de Suzanne; il savait qu'elle l'attendait, avec des ballons.

FOI

En relisant le livre et en écoutant les entrevues, j'ai compris que l'essentiel de son message se trouvait dans la lettre qu'elle a écrite à nous, ses enfants, et que nous avons placée en introduction à cette réédition. Elle nous parle de son départ, de la confiance qu'elle a en nous pour la suite des choses, et de sa foi.

D'où lui venait cette foi? Pour une jeune femme dans les années soixante, la religion n'était pas un sujet beaucoup plus populaire que maintenant. Je m'imaginais qu'elle avait dû travailler à s'affirmer dans sa foi. Pourtant, elle disait simplement qu'elle l'avait toujours eue. Ma mère utilisait cette parabole, en paraphrasant l'Évangile:

Un voisin vient frapper à la porte de son ami, en pleine nuit, pour lui demander du pain. Il frappe, frappe et frappe encore, jusqu'à ce que l'ami se réveille, à bout de patience, et lui donne une miche de pain. La foi, c'est un don du Seigneur. Si tu veux l'avoir, frappe et frappe encore. [...] Moi, le Seigneur ne m'a pas demandé de

19

frapper parce qu'Il savait peut-être que je n'aurais pas frappé assez longtemps. Il connaît mes faiblesses.

Peut-être qu'en cherchant à comprendre ma mère, je cogne à cette porte, ne serait-ce que pour savoir ce qu'elle pouvait bien espérer y trouver. Je ne sais même pas ce que veut dire « avoir la foi ». Ma mère m'a sans doute laissé tous les indices qu'il me faut pour le découvrir, mais je ne les comprends pas. La communication avec ma mère est coupée. Je me prends à penser : est-ce que si je pose la question à mon père, ma mère répondra à travers lui ? En un sens, ce n'est pas si absurde. Suzanne a laissé sa trace sur mon père. Il utilisera ses propres mots pour décrire une expérience qu'il partageait avec Suzanne. C'est probablement ce que les catholiques font d'ailleurs. Ils se sont construit tout un discours fait de paraboles, de cérémonies, un discours que je ne comprends pas, pour parler d'une expérience difficile à décrire et qu'ils partagent.

J'imagine que c'est une question aussi difficile que si je demandais « qu'est-ce que l'amour ? ». Même si la question n'a pas de sens, j'essaie de comprendre ma mère, alors j'ai posé la question à mon père : qu'est-ce que la foi ? Je ne prétends pas avoir compris, mais j'ai retenu une chose : la foi est ce qui nous met en rapport avec l'infini : Dieu, l'amour, l'universel, la vie, quelque chose qui dépasse notre petit monde fermé.

Quand mon père a redécouvert sa foi, il a été si surpris de cette brèche vers une nouvelle dimension qui s'ouvrait à lui qu'il a décidé de l'étudier. C'est d'ailleurs pendant ses études de théologie qu'il a rencontré Suzanne. Mon père découvrait ce monde nouveau. Ma mère, elle, sortait de chez les sœurs.

Je trouve que mes deux parents ont une façon intéressante d'aborder la religion, en la vivant tout en la mettant à l'épreuve. En la mettant en pratique. J'aime bien lire les livres de mon père sur la théologie pratique. Il essaie de comprendre comment on peut communiquer sa foi, comment un appareil langagier peut porter des idées abstraites et inexplicables, inconcevables. Comment l'expérience religieuse, spirituelle ou mystique agit au plus profond de nous, de l'intérieur. Ma mère était portée par la grâce. Les mots qu'elle utilisait pour en parler étaient ceux de la religion catholique. Mais si on l'écoute attentivement, en silence, on reconnaît dans leur essence que ce sont ceux de l'amour.

.

MORT

Elle a vécu, aimé, partagé, surmonté des épreuves. Puis elle est morte. Comme mon père le rapporte :

Ses yeux se sont vidés de toute substance. Ce moment fatidique est incroyablement troublant. Quarante quelques années de joies et de peines, de succès et d'échec, de passions, de travail, de tendresse et de

tristesse, disparaissent d'un coup, brutalement,
comme ça ! Elle était partie ailleurs, là où ni mes fils ni
moi, ni personne sur cette terre ne pourront l'accom-
pagner. C'était fini. Le fil s'était brisé.

Je n'ai pas pleuré en voyant ses yeux se révulser et sa vie
la quitter. C'était un événement qui dépassait ma douleur,
quelque chose qui m'échappait, quelque chose de plus
absurde que tragique.

Au moment d'apprendre à entrer dans le deuil, il faut s'occuper des formalités. J'avais trouvé plutôt grotesque toute
la convention des funérailles, de l'exposition du corps, des
assemblages floraux, de la façon de souhaiter ses condo-
léances. Partager l'événement intime de la mort de ma
mère avec des étrangers, de la famille éloignée et même
avec des proches, dans un rituel aussi stéréotypé et froid,
me semblait dénué de sens.

Aujourd'hui, jour de Pâques, j'écoute les enregistrements
de ses funérailles. Justement, elle avait voulu que l'homélie
parle de Pâques, une fête de la résurrection. La sérénité de
ma mère devant sa mort prochaine était fondée sur cette
croyance fondamentale : il y a une vie après la mort, libé-
rée des contraintes de notre monde. Elle nous préparait à
son départ en nous disant qu'elle restait en lien avec nous,
qu'elle serait toujours disponible et même encore plus présente si on prenait la peine de la trouver au fond de nous.
Elle aurait sans doute aimé nous transmettre cette foi en la
résurrection. Quand je dis, dans une des entrevues, à l'âge
de neuf ans, qu'après la mort il ne se passe plus rien, que

c'est comme un sommeil sans rêves où le temps n'existe plus, on me reprend en disant que c'est le corps qui est comme ça, que l'esprit, lui, se retrouve dans un état de plénitude pour l'éternité dans le Seigneur. Puis j'insiste en disant que la résurrection est à la fin des temps, qu'entre-temps il n'y a rien. Je ne voyais pas de façon de comprendre cette idée de vie après la mort, même transformée, même comme une image simple pour dire qu'il n'y a pas seulement du rien. Je n'en vois pas plus maintenant, trente ans après. Je ne sais pas si ma mère existe quelque part dans une vie transformée qui peut influencer la mienne. Mais j'aime bien penser qu'elle a rejoint un amour sans limites, que cet amour se manifeste dans nos vies et continue de nous inspirer.

Au cours des années, j'ai assisté à plusieurs funérailles, et je comprends un peu mieux maintenant l'importance de partager ces événements avec une communauté, de se confier entre nous l'image qu'on garde de la personne décédée. Cette image se cristallise, et j'ai eu beaucoup de mal à passer par-dessus, à me souvenir de ma vraie mère, au-delà de son dernier rôle de porteuse d'un message de foi. Elle insiste pourtant dans son livre, comme elle le faisait dans sa vie, sur ses défauts et ses limites. Elle en avait. Par exemple, elle aimait la vie, mais ne semblait jamais vrai-ment s'amuser. Elle pouvait aussi être autoritaire et surpro-tectrice, ce qui était une autre facette de l'immense amour qu'elle avait pour nous. Les funérailles sont une occasion de se faire un portrait vivant du défunt, sans oublier ses défauts et tout ce qui fait que cette personne était unique et continuera de l'être pour nous.

Malgré tous les efforts pour en faire une célébration de la vie, les funérailles me semblaient tellement pleines de conventions, de rituels et de cérémonies que le contraste m'a frappé quand nous nous sommes retrouvés, par la suite, seuls devant le deuil. Peut-être qu'à une certaine époque, les étapes du deuil étaient plus claires : sa durée, la façon d'afficher sa souffrance, les gestes à faire en mémoire de le personne défunte. Mais moi je ne savais rien. Je me débrouillais mal avec ce qu'on m'avait appris. On m'incitait à m'exprimer, à passer par-dessus. J'ai plutôt choisi d'intérioriser ma souffrance, de la garder pour moi, de ne jamais l'oublier. C'était ma souffrance après tout. On me l'avait donnée.

RENCONTRES

Je n'ai pas beaucoup de souvenirs des moments après la mort de ma mère, quand il a fallu apprendre à vivre, à se relever après l'injustice d'avoir perdu l'amour. Je me souviens d'un grand vide, de cauchemars, de l'absurdité de retourner à une vie normale alors que tout avait basculé. J'ai commencé à dessiner des monstres au chevet de ma mère, j'en dessine encore aujourd'hui. Une chose est certaine, nous savions que la bonne façon de rendre hommage à Suzanne était de se relever et de poursuivre notre chemin.

Quelques années plus tard, mon père a fait la rencontre de Sylvie, une belle grande femme très différente de Suzanne.

Douce, modeste, attentive, optimiste et drôle, obser-vatrice, d'un calme olympien, elle n'a jamais voulu se mettre entre mes fils et moi.

En s'alliant à Marcel, elle s'engageait aussi auprès de trois jeunes adolescents. Elle n'était pas là pour combler le vide affectif laissé par Suzanne. Mais elle n'est pas non plus seulement la femme de mon père et je n'ai jamais pensé à la décrire comme une belle-mère. Avec beaucoup de délicatesse et de respect, elle a su trouver sa propre façon d'être une mère. Et elle nous a ainsi laissé un grand cadeau : la possibilité de l'aimer en tant que Sylvie.

Je demande à mon père comment il voyait la continuité entre l'amour de Suzanne et celui de Sylvie. Suzanne incitait mon père à ne pas attendre avant de se remarier. Bien sûr, la décision ne dépendait pas d'elle. Mais un des grands principes que je retiens d'elle est que la meilleure façon de donner de l'amour à quelqu'un est de lui donner la liberté en cadeau. Parfois cette liberté prend la forme d'un silence, d'une présence, parfois elle met devant la rupture, elle oblige à prendre position et à faire ses propres choix. Mon père a fait le choix de s'ouvrir à une nouvelle relation. L'amour que mon père avait cultivé avec ma mère n'a pas été enterré avec elle. Il dépasse la relation entre deux personnes. Comme pour annoncer que Suzanne avait rejoint la vie éternelle qu'elle espérait, l'amour a survécu. Il est là comme un grand courant. On peut en faire l'expérience, le partager, l'approfondir encore. Sylvie est entrée dans ce courant, l'a bien reconnu, y ajoute toute sa force.

Mais rien n'allait combler ce vide affectif. Personne n'allait remplacer ma mère. Au fil des années, j'ai connu beaucoup de difficultés que j'ai attribuées à la peur de me faire abandonner, de perdre l'amour encore une fois. J'ai saboté des relations par crainte de les perdre. J'ai eu de grandes périodes d'angoisse, où les objets autour de moi me semblaient froids, silencieux, menaçants et désincarnés. Personne ne m'a appris à vivre avec la perte. Ma mère nous a bien préparés à sa mort, nous a bien montré qu'elle avait un sens pour elle. Mais je n'ai pas sa foi, et j'ai eu à inventer par moi-même une façon de vivre ces peurs en silence, sans m'apitoyer, sans non plus la glorifier, sans la laisser contrôler ma vie. Ma mère n'était pas là pour me prendre par la main. Suzanne ne nous a pas enseigné un chemin tout fait qu'il suffisait d'emprunter. Elle a partagé son témoignage pour nous encourager à trouver en nous-mêmes la force d'envisager la mort, la perte, le changement, en harmonie avec nos valeurs profondes.

Elle n'était pas complètement absente de mon imaginaire cependant. Une nuit, elle m'est apparue en rêve. Je ne sais pas si c'est un indice que les morts ont le pouvoir de revenir dans nos vies ou si le rêve est simplement une autre modalité du souvenir, mais ce rêve m'a beaucoup marqué par son intensité.

J'ai rêvé à ma mère quand j'avais autour de 25 ans. J'étais seul dans une maison au clair de lune, les lumières éteintes. Elle est apparue doucement. Je savais qu'elle n'était pas là pour longtemps. Je m'apprêtais à lui poser des questions sur sa vie après la mort. Mais j'ai plutôt décidé de me taire et d'être attentif à sa présence. J'ai alors ressenti très fortement un type d'amour maternel que j'avais complètement oublié. Il n'y a pas grand-chose de plus précieux selon moi que de découvrir une nouvelle forme d'amour.

J'ai aussi fait des rencontres qui m'ont rappelé ma mère. J'ai revu une bonne amie de la famille que je n'avais pas vue depuis la mort de ma mère. Elle s'appelait Suzanne elle aussi, atteinte d'un cancer en phase terminale, elle aussi. Elle m'a montré une autre façon d'envisager la mort. Mais elle m'a surtout rappelé comment j'étais quand j'étais enfant et à quel point je n'avais pas changé. Ce moment m'a marqué comme une sorte de réconciliation entre l'enfant que j'étais à la mort de ma mère et l'adolescent que j'étais devenu, qui en avait perdu la trace.

Plus tard, une autre rencontre m'a rappelé qui j'étais. Une bonne amie a réalisé, peu après notre première rencontre, qu'elle me connaissait déjà. En effet, le livre de ma mère l'avait aidée à passer à travers un deuil. J'étais donc aussi ce petit garçon qui écrit des poèmes pour sa mère qui va mourir. Cette coïncidence a sans doute teinté notre amitié profonde, qui grandit encore aujourd'hui, alors qu'elle m'aide dans ce travail d'introspection, dans la recherche de cette trace que ma mère a laissée en moi.

En cherchant un peu, j'ai retrouvé plein d'événements de ma vie qui m'ont fait penser à ma mère. J'essaie aussi de rester attentif aux moments où je pense à elle. Ces jours-ci, ce sont les jonquilles qui sortent et me rappellent qu'elle aimait les fleurs, les tulipes, les pivoines, aussi la lavande, parce qu'elle continue de sentir bon après avoir été séchée. Il y a aussi des chansons, comme « L'hymne au printemps » de Félix Leclerc, la version chantée par Monique Leyrac, que j'écoutais à l'époque. C'est une chanson triste qui parle de séparation. Mais quand des fleurs me font penser à ma mère, ce n'est pas la nostalgie d'un moment passé, je pense tout simplement à ma mère qui aime les fleurs, comme d'autres circonstances me font penser à des amis toujours vivants. Au fond, penser à ma mère c'est un peu comme penser à un ami vivant qui est plus souvent dans mes pensées que physiquement présent.

COULEUR

J'aime l'idée que tout ce qui nous entoure a une sorte de représentation à l'intérieur de nous. On peut penser à quelqu'un parce que cette personne vit en nous. Suzanne disait : « je répète aux enfants que lorsqu'ils voudront me parler, ils n'auront qu'à entrer dans leur cœur ». Je n'ai jamais su vraiment ce que ça voulait dire. J'ai de la difficulté à entrer en dialogue avec un interlocuteur imaginaire. Prier, parler tout seul, même parler à un animal ne me vient pas naturellement. J'ai posé la question à mon père si ce qu'elle voulait dire ressemblait à la pratique de la prière. Il me dit qu'une autre interprétation serait peut être de la ressentir, de reconnaître une certaine « couleur » dans sa vie qu'on sait être l'héritage de Suzanne.

Je ne sais pas de quoi est faite cette couleur qui me reste de ma mère. Peut-être de valeurs que je partage avec elle. Quand je pense à mon enfance pour essayer de définir en quoi je ressemble à Suzanne, je me souviens surtout d'être à part, de me sentir différent des enfants de mon âge. Je pose la question à un de mes frères qui me confirme qu'un des traits qui nous distinguent et que nous partageons avec notre mère est que nous avons la fierté de faire nos propres choix, de sonder nos valeurs plutôt que de nous faire imposer des idées, dans un monde où se conformer, où se comparer et où recevoir l'assentiment des autres est si important pour faire partie d'un groupe.

Suzanne ne voyait pas les valeurs comme des règles, mais plutôt comme des principes qu'on découvre en soi qui dirigent nos actions et nos choix. Par exemple, de son côté, je reconnais son besoin de liberté, de sortir de son milieu, de toucher les gens directement, de mettre sa foi à l'épreuve. Ce ne sont pas des règles qu'elle s'est données, surtout pas des règles qu'elle se serait fait imposer ou qu'elle imposerait aux autres. Elle a découvert ces valeurs en elle, comme des qualités qui dirigeaient ses choix. Je crois que mes deux parents ont découvert la foi en eux, et à partir de ce moment, il était difficile de l'ignorer. Les deux ont décidé d'y faire face, de l'étudier, de la mettre à l'épreuve, de s'y appuyer. Mon père et ma mère ne nous parlaient pas de religion. Ils vivaient leur foi, et j'ai toujours eu un grand respect pour ceux qui vivent selon leurs convictions sans les imposer.

Suzanne a choisi de faire le pari de la foi, de la vie éternelle. Mais elle disait que Dieu parie aussi sur nous en nous laissant la possibilité même de faire des choix. Par exemple, il aurait pu créer un monde parfait où le mal n'existe pas. Il a plutôt permis au mal de se déployer. Quand je demande à un ami chrétien d'où vient le mal, il me répond que le mal vient du diable. Mais pour Suzanne, sa maladie venait de Dieu, et même le mal est une façon pour Dieu d'entrer en contact avec nous, de nous pousser à prendre position, de nous dire que nous sommes responsables de nos propres choix.

Je perçois la « couleur » de ma mère dans ce que je reconnais d'elle en moi, des valeurs, des attitudes, des qualités, des défauts. Elle vit dans mes souvenirs, dans les documents que je ramasse, dans les histoires d'elle qu'on me conte. Elle est aussi dans l'influence qu'elle a eue sur les autres, dans les idées qu'elle incarne, dans le dialogue que je peux encore établir avec ses idées. Mon frère me disait qu'au fond, chaque fois qu'on réfléchit, on se met en dialogue, en rapport avec un autre, même si cet autre est en nous. On évalue plusieurs positions, on compare des idées. Ce dialogue, c'est aussi un espace où notre mère intervient. Un bon ami m'expliquait à quel point le dialogue est fondamental en philosophie. Mon père a beaucoup écrit sur la place du discours en théologie. Ma conjointe Alexandra parle plutôt de la performativité du langage, comment la parole est agissante. Tout cela est bien abstrait, mais je trouve qu'il y a de la poésie dans cette idée qu'il n'y a rien de plus fondamental que la mise en rapport, en relation, en dialogue. Je crois que ma mère est vivante, non seulement dans les souvenirs, dans l'influence qu'elle a eue sur moi, dans les valeurs qu'elle a incarnées et cristallisées avec l'événement de son départ, mais aussi par la façon qu'elle vit dans ce qu'il y a de plus vivant en moi, dans cet espace des relations. Si je réfléchis sur la foi, si je porte fièrement mes valeurs, si je trouve le courage dont j'ai besoin, si je ressens de l'amour pour quelqu'un, je sais que ma mère fait partie de cet événement.

Il y a maintenant trente ans que ma mère vit sa vie éternelle. Alexandra a l'âge que Suzanne avait au moment de recevoir la nouvelle de sa maladie. Elle m'accompagne depuis aussi longtemps que mon père a fréquenté ma mère. Ennio, mon fils, a l'âge que j'avais moi-même quand ma mère est partie pour son long voyage. Je peux me comparer à l'enfant que j'étais, aux parents que j'ai eus. Je peux surtout réfléchir à la qualité de l'amour que je donne et que je reçois, au travail accompli et au chemin qui me reste à parcourir.

La leucémie de Victor, le fils de mon frère Pascal, nous a aussi ramené des souvenirs douloureux de cette époque où nous vivions en côtoyant la leucémie au quotidien. Si ma mère assiste au déroulement de nos vies, à partir de ce monde qu'elle souhaitait tant rejoindre, elle est fière des avancées de la médecine, du courage de la famille et de l'entourage du petit Victor qui n'avait qu'un an au moment du diagnostic, mais surtout de sa remarquable force, qui lui a permis de s'en sortir et de devenir un grand garçon si radieux.

Dans les événements heureux autant que tragiques, nous pouvons constater un héritage que nous avons reçu de nos parents : celui de savoir nous investir complètement dans nos relations et dans nos passions. Ma mère comparait son travail de la foi celui d'un amateur de fleurs qui se consacre à sa passion sans compter. J'aime bien cette image. J'ai toujours eu l'intuition que faire une activité chaque jour me sortait du cycle des journées. Chaque activité étant en continuité avec celle de la journée précédente, c'est comme si quelque chose se déployait dans une autre dimension. Par exemple, je consacre un moment chaque jour à dessiner, à jouer de la musique, à lire. J'ai un moment consacré pour chaque membre de ma famille. Pour chacune de ces activités, ma passion grandit, s'incarne plus profondément. Par exemple, je fais des projets scientifiques avec Ennio, que je consigne dans un blogue de science. J'ai aussi une énorme collection de dessins, ma créativité musicale s'étend toujours un peu plus, mon attachement pour mes enfants, pour ma conjointe, est toujours plus profond. J'y vois un lien avec ce que mon père dit de la foi qui est comme une brèche dans notre monde fermé, qui nous donne un indice des possibilités de l'infini, un accès vers une dimension supérieure peut-être. À travers toutes ces réflexions, je réalise qu'une de mes valeurs fondamentales est de prendre le temps de cultiver, de laisser mûrir, de construire quelque chose, dans la durée.

VIE

Mes enfants ont tout ce qu'il faut en eux. Je ne fais que leur donner de l'amour, du temps, de l'espace, et je les regarde pousser, chacun d'une façon différente, tous les deux avec une grande intelligence. Ennio a parmi ses plus belles qualités d'être curieux et sensible aux autres, capable d'une grande concentration et de se rendre au fond des choses. Aglaé est enthousiaste, généreuse, imaginative, joyeuse et toujours partante pour bouger, dessiner et échanger. Ce sont assurément deux êtres nés d'un grand amour. Alexandra est une perle rare, vive, lumineuse, profonde. Je ne sais pas qui remercier pour cette chance de l'avoir trouvée sur mon chemin. Mais je sais que nous avons su prendre notre temps, faire grandir notre relation, tranquillement cultiver notre intimité, nous laisser beaucoup de liberté. Je crois qu'un de nos points d'équilibre est de ne pas être fusionnels, d'être deux personnes distinctes, avec des valeurs qui se combinent bien et de belles différences. Nous évoluons individuellement, ensemble. Elle ne m'appartient pas, tout comme ma mère disait que ses enfants ne lui appartenaient pas, que nous lui avions été « prêtés ». La vie est facile avec elle. Faire des enfants ou non n'était pas vraiment une question en soi, même si je considère que ce n'est pas une obligation ou une expérience qu'il faut vivre à tout prix. C'était une façon d'expérimenter d'autres facettes de notre amour, d'approfondir notre confiance et notre plaisir de se voir évoluer l'un l'autre.

Alexandra m'aide dans toutes les dimensions de ma vie. Alors que je commençais à écrire le présent texte, elle m'a posé une question toute simple : pourquoi est-ce que j'entreprends cette démarche d'écriture ? Je me suis demandé si j'avais peur de relancer le livre de Suzanne dans le monde sans aucun accompagnement et que je cherchais à le justifier, à le mettre en contexte, à l'actualiser. Mais non, il n'a pas besoin de moi. J'ai bien vite compris que mon texte n'était pas à propos de son livre, mais de ma propre démarche, du long parcours d'un message à travers trente ans de vie, de mon travail acharné pour comprendre ma mère et pour tenter de lui rendre hommage. Son message à elle est clair, ouvert et complet. « Je suis vidée, j'ai tout dit », déclare-t-elle dans son dernier enregistrement. Ma réflexion est inachevée, remplie de doute, d'ambivalence, d'ignorance, peut-être de vanité, je ne sais pas. En rééditant son livre, je cherche du moins à reconduire son message, même si je ne le comprends pas encore, en espérant qu'il tombe dans un champ plus fertile.

INVITATION

Cependant, même si je n'utilise pas les mêmes mots, je sais qu'il y a des intuitions que je partage avec Suzanne. Si je pouvais discuter de ma foi avec ma mère, je lui dirais que j'ai le profond sentiment de vivre dans un univers fini, fait de limites, un sous-ensemble d'un monde infini où toutes les possibilités existent. Je reconnais ce modèle en moi, je peux le démontrer de façon mathématique, je peux l'exprimer d'une façon poétique. Je peux me demander si ce rapport à l'infini, à notre liberté de choix, à l'intimité de la foi comme recherche personnelle, à l'amour comme force agissante inexplicable, n'a pas quelque chose de la foi de ma mère. Je ne le saurai peut-être jamais. Mais une chose est certaine : ma mère m'a laissé une invitation claire à s'appuyer sur sa foi.

Je ne sais pas si j'ai la foi, mais parce que ma mère me l'a laissée en cadeau, je sais que j'ai la sienne.

LETTRE OUVERTE À MES FILS

Suzanne

À toi Pascal, à toi Christophe, à toi Emmanuel,

À toi qui vis à mes côtés depuis 9 ans, 11 ans, à toi que j'ai appris à découvrir, à apprécier, à aimer, à toi, j'adresse ces quelques lignes…

Mon cœur est un peu serré à la pensée de te quitter bientôt. Non pas que j'aie crainte pour toi, car j'ai trop foi en la vie qui t'habite, c'est plutôt en pensant aux nombreuses années que j'aurais pu encore passer à te regarder et à te voir grandir.

Tu as été pour moi un être merveilleux ! Elles ont été belles toutes les minutes que j'ai passées avec toi, et pour tout l'or du monde, je ne voudrais pas les échanger. Tu m'as appris combien, sous des apparences de faiblesse, la vie est forte, concentrée. Quel plaisir d'avoir vu apparaître, petit à petit, chacune des richesses qui te caractérisent. J'ai appris à te connaître, à t'apprécier, à t'aimer ; et maintenant, je ne pourrai plus t'oublier : tu fais partie du passé qui constitue mon présent et de ce qui, en moi, est digne d'être éternisé.

Avec les qualités et les limites qui étaient miennes, j'ai essayé de te faire grandir ; avec les qualités et les limites qui seront tiennes, tu essaieras à ton tour d'en faire grandir d'autres. Le Seigneur a son « idée » sur toi, Il te prépare pour un projet unique que toi seul pourras réaliser car toi seul, tu as les qualités et les limites qu'il faut pour le rendre à bonne fin. L'expérience de séparation que tu vis présentement fait partie de la préparation nécessaire à la réalisation de ce projet et tu as en toi toute la force, toute l'énergie nécessaire pour passer à travers et en tirer profit. La foi nous dit que chaque événement vécu est un message de Dieu qui cherche par tous les moyens à communiquer avec nous ; chaque événement amène aussi une force momentanée pour vivre cet événement et pour en comprendre le message.

Ma présence dans le cœur du Père te gardera toujours branché à Lui, quelles que soient les étapes heureuses ou malheureuses que tu franchiras. Je te souhaite toute la sève de l'Église ; que ton contact avec la communauté qui t'entoure te soit force et réconfort !

Quand, à ton tour, viendra ton heure dernière, si tes certitudes s'effritent, appuie-toi bien fort sur mon amour pour toi, sur les certitudes qui étaient miennes, et tu verras comme il sera plus doux de faire le passage.

Que le Soleil, dynamisme de Vie, guide tes pas !

Maman

…ET PASSE LA VIE

—————————

Suzanne

LA MORT

La nouvelle

Je m'appelle Suzanne Charest, j'ai 45 ans. J'aurai 46 ans dans quelques semaines… peut-être !

J'ai appris il y a deux ans que j'avais une leucémie aiguë, un cancer du sang. C'était un mercredi, à quatre heures de l'après-midi. Le téléphone a sonné ; c'était le médecin qui m'appelait pour m'annoncer la nouvelle. Cela avait commencé par un rhume de cerveau qui ne venait pas à bout de finir. Je suis allée voir notre médecin de famille qui m'a dit : « Va donc te faire faire une prise de sang, à tout hasard ! » Et le soir même au téléphone, on m'a prévenue : « Écoute, si tu peux entrer à l'urgence le plus vite possible, il te reste deux semaines à vivre dans l'état où tu es. »

Quel choc !

Je suis de nature plutôt optimiste, mais cette fois, c'était tout un coup ! Les enfants arrivaient de l'école à quatre heures dix et je devais partir en vitesse pour l'hôpital. Il fallait organiser plusieurs semaines d'absence de la maison et je m'en allais dans un milieu inconnu. Ce qui m'a aidée, c'est l'obligation d'être active. Je devais organiser mes enfants pour le soir même, pour le lendemain. Il a fallu très vite arrêter de réfléchir à ce qui m'arrivait afin de préserver les enfants d'une instabilité, d'une insécurité.

Cela n'a pas pris de temps ; j'ai réagi en quelques minutes.

Nous arrivions à peine dans la région ; Marcel venait d'obtenir un nouvel emploi. J'étais pleine de projets, pleine de vie, pleine d'avenir. J'étais installée dans une magnifique maison, notre situation économique était favorable. Pour la première fois de ma vie, j'avais commencé à faire des projets, à sortir un peu de mon présent, à jouir un peu à l'avance des choses qui pourraient venir. Tout cela n'a duré que deux mois, le temps de nous installer.

Les médecins m'ont dit : « On peut peut-être faire quelque chose pour vous. » À envisager : traitement intensif de chimiothérapie dans un milieu le plus possible aseptisé, perte de cheveux, mal de cœur constant, etc. Au moins quarante-cinq jours d'hôpital avec 70 % de chances de survie.

Mais pas de guérison en vue, simplement une rémission. Ce qui reste à vivre : cinq ans au maximum, sans doute moins, avec possibilité de rechute dans un délai de deux ans. J'en suis à ma deuxième rechute, la dernière. J'aurai survécu deux ans et demi.

Lors de ma première rechute, je m'y attendais un peu. Le choc initial était passé. Je savais tout sur ma maladie car j'avais voulu qu'on ne me cache rien. Je me souviens cependant avoir pensé : « J'aurais eu le goût que la rémission soit plus longue. » Quant à la dernière rechute, j'avais commencé à avoir la puce à l'oreille. Il y avait de petits symptômes. J'avais espéré que cette deuxième rémission se prolonge un peu plus que six mois. Le médecin m'a appris que tout ce qui avait pu être tenté avait déjà été fait. Un autre traitement intensif pouvait être appliqué, mais on ne pouvait garantir que la rémission se prolonge au-delà d'un mois. J'avais à faire un choix entre un traitement qui n'était somme toute qu'un soutien psychologique ou vivre debout les dernières semaines qu'il me restait. J'ai gardé le silence pendant trois minutes… c'est long trois minutes. Ce fut un choc terrible. Même si tu vis quotidiennement avec la réalité de la mort, tu as toujours le goût d'espérer que ça ne t'arrivera pas à toi. Mais, à un moment donné, je me suis dit : « Pourquoi pas aussi à moi ! » J'ai pris une bonne inspiration et j'ai dit : « Bon, c'est comme ça ? C'est comme ça. »

Au sujet de cette dernière rechute, j'ai inscrit ceci dans mon journal :

C'est comme une décharge électrique. L'espace d'un instant, la circulation s'arrête, la respiration se coupe et le silence s'appesantit. Le verdict s'abat : ma leucémie est en rechute. Oh, je m'y attendais un peu, j'avais bien noté quelques signes précurseurs. Je n'espérais pas voir septembre et j'ai vu Noël. Et pourtant ! De l'entendre dire froidement, comme cela, ça surprend. Il y a toujours, caché quelque part, un secret espoir qu'on s'en sortira, que la maladie nous oubliera. Et on s'étonne quand celle-ci continue simplement son cours. On s'étonne comme si un miracle nous était dû. J'ai un peu mal à la tête ; tout se bouscule en moi. Une décision est à prendre : s'agripper à la médecine qui se révèle impuissante à surmonter cette dernière rechute, ou abandonner tout vain espoir, tout acharnement thérapeutique qui n'apporte aucune certitude de rémission ou même de prolongation de la vie. Il n'est pas facile de lâcher prise en face de l'espoir, si incertain soit-il. Faut-il survivre à tout prix, coûte que coûte, ne serait-ce qu'un jour de plus ? Pourquoi cette obstination à retenir ce qui nous glisse inéluctablement entre les doigts ?

Privilégier une qualité de vie, prendre en main le temps qui reste, le vivre debout, déguster les dernières minutes, voilà l'option que je fais, sans retour en arrière. Désormais, pas de faux espoirs, pas de jeux de cache-cache. Mais j'affronterai en toute lucidité les limites de la médecine. Il n'y a plus d'espoir médical, mais je refuse l'échec ! La maladie ne m'aura pas. Je resterai debout jusqu'à la fin.

La mort d'une personne que vous aimez

Imaginez-vous que quelqu'un que vous aimez meurt. Vous direz : «Ça se peut pas.» Eh bien, ma mère m'avait demandé qu'est-ce qu'on deviendrait si, par hasard, elle mourait ? J'ai pensé comme vous et je me suis dit : «Ça se peut pas.» Mais pourtant, un jour, elle attrapa ce qu'on pensait être la grippe. Une nuit, elle se sentait tellement mal qu'elle est allée à l'hôpital. Par une lettre, on a appris qu'elle avait la leucémie. Elle est restée longtemps à l'hôpital et elle est revenue. Plus tard, elle retourna à l'hôpital et revint au bout de presque deux mois. Plus tard, elle sut qu'elle allait mourir. Alors, comme vous pouvez le constater, je perdrai bientôt ma mère. Ça me fait de la peine car elle était gentille. Mais pour le moment elle est encore avec nous.

- Pascal, 10 ans

LA MÉDECINE

J'ai vraiment fait le tour, à l'aide de l'équipe des médecins, des possibilités qui restaient, y compris la greffe de moelle. J'ai rencontré des spécialistes à Montréal ; il a été question des grands hôpitaux aux États-Unis. À l'hôpital où je suis traitée, je suis entourée par une équipe très compétente de spécialistes en hématologie qui participent à un projet de recherche nord-américain. Je pense donc que s'il y avait quelque chose à faire médicalement, ce serait déjà fait.

Un jour, j'ai dit aux médecins : «Faites le mieux possible votre travail, moi je ferai le mien.» Je leur demande de chercher et de se tenir au courant de la recherche médicale ; moi, ce n'est pas ma compétence. Je leur dis de travailler fort et d'essayer de faire vite. Mais moi, je refuse de jouer au yoyo avec ma vie. Je refuse de passer d'un remède miracle à un autre, d'une illusion à une autre.

Depuis six mois, il existe de nouveaux médicaments. Si les médecins m'annonçaient qu'un nouveau médicament avait une chance d'améliorer sensiblement mon état, je dirais : « Il reste un espoir, je vais le prendre. » Mais pour le moment, tout ce que la médecine peut m'offrir, c'est un placebo. À partir de ce moment-là, je ne marche plus. Je ne me dis plus : « J'ai encore telle ou telle chance. » Tant qu'il n'y a pas de possibilités évidentes, je m'en vais vers la mort. Je vis les derniers moments qu'il me reste. Je m'organise pour que ma sortie soit la plus digne possible. Je vis ma mort. Je vis ma mort ! Et cela n'est pas négatif pour moi. Nous ne passons par là qu'une seule fois et je ne veux pas manquer cette expérience.

J'ai fait mon choix. Je veux que la vie s'écoule doucement, que la médication ne serve qu'à soulager mes dernières souffrances. Pas d'acharnement thérapeutique. Je veux m'assurer la meilleure qualité de vie pour les quelques semaines qu'il me reste et je refuse que l'on prolonge indéfiniment ma vie. Par contre, je sais qu'il y a beaucoup de préjugés envers l'acharnement thérapeutique. On entend dire que les médecins cherchent à tout prix à garder en vie les patients, malgré eux parfois. Je puis dire que ce ne fut pas ainsi dans mon cas. L'équipe médicale que j'ai rencontrée est très professionnelle, vraiment prête à écouter et à comprendre la façon dont j'avais le goût de vivre ma mort. Je ne voulais pas d'appareillage superflu, mais en même temps, je désirais être accompagnée pour faire le passage. Je ne suis pas contre la médication qui aide à soulager les derniers moments. Je pense qu'il vaut mieux vivre avec un maximum de qualité de vie. D'ailleurs, quand on souffre et qu'on souffre beaucoup, on n'est plus présent aux autres. Ces médicaments peuvent aider lors des derniers moments, mais leur usage ne relève pas d'une obstination à vivre et à vivre à tout prix.

Moi, Emmanuel Viau, j'ai vu ma vie bouleversée en apprenant que ma mère avait la leucémie. À sa première entrée à l'hôpital, je croyais, et même j'étais certain, qu'elle mourrait. Elle resta deux longs mois à l'hôpital. Je m'inquiétais. Pourtant, à Noël, elle revint. Quelle joie ! Au mois de juin 1986, elle retomba malade. Elle y resta un mois et demi et, encore, elle s'en sortit. Nous étions au comble de la joie. Pourtant, le destin ne nous réservait pas cette fin. En janvier 1987, elle était allée à l'hôpital pour un contrôle. Très mauvaise nouvelle : les globules blancs avaient recommencé de diminuer. Cette fois, les médecins n'y pouvaient plus rien. À l'approche de la mort, pourtant, elle restait avec sa bonne humeur habituelle.
- Emmanuel, 11 ans

MES PROCHES

Ce que je trouve le plus pénible présentement, c'est de quitter Marcel et les enfants. J'ai confiance en Marcel, en sa force de survie, en sa capacité de se refaire des projets. J'ai plus de confiance en lui qu'il n'en a lui-même. Quand il regarde en avant, il panique un peu. Dans ces moments-là, je lui dis : « Aujourd'hui, il y a du soleil, nous sommes tous les deux, ça va bien. » Je pense qu'il est important de ne regarder que le moment présent.

Marcel est beaucoup plus près des enfants depuis que je suis tombée malade. Et comme ils sont plus grands, c'est plus facile pour lui. Ils ont développé une relation profonde de laquelle je me sens même parfois exclue, une espèce de complicité. Les enfants aiment beaucoup leur père, ils ont une grande confiance en lui. Ils savent que parfois il parle fort et vite, qu'il exige d'être écouté avant qu'ils ouvrent la bouche. Ils apprennent de plus en plus à fonctionner avec son tempérament et avec sa culture et cela ne les insécurise pas de rester seuls avec lui.

Il me semble que le sentiment qui domine présentement chez eux en lien avec leur père, c'est plus un sentiment de crainte : crainte de se retrouver continuellement en présence des limites de leur père, alors qu'ils sont plus habitués à mes limites à moi (contre lesquelles ils ont développé une sorte d'anticorps) ; crainte que leurs habitudes ne doivent changer ; crainte que papa ne puisse pas être papa et maman.

Que leur père les aime, bien sûr, oui, c'est acquis ; mais l'accent est davantage mis sur ce manque qu'ils pressentent, et ils constatent que leur père ne pourra pas combler ce manque. D'où, je crois, ce recul devant celui-ci qu'ils considèrent comme l'inconnu, l'insécurisant, l'à-venir.

C'est ainsi que je comprends ces deux poèmes de Pascal, cette demande de pouvoir « se parler », ce désir d'intensifier la relation avec lui :

Papa, quand maman sera partie j'aimerais :

Pouvoir te parler sans que le ton monte
En se mettant d'accord sur un même sujet
Et ne pas dire : moi je descends et toi tu montes
Ne pas dire des ordres, parce qu'il faut que tous
soient satisfaits
Essayons de se comprendre
Et ne changeons pas d'habitudes
Nous allons prendre la situation et nous allons
la maintenir à haute altitude
J'aimerais aussi que tu me consoles
Parce que j'aurai du chagrin
Ce n'est pas en jouant do ré mi fa sol
Que ma peine touchera a sa fin
- Pascal

Mon père...

Vous ne connaissez pas mon père.
Parfois il est prompt,
Mais toujours il est bon.
Il n'est pas comme ma mère,
Mais ma mère, c'est une autre affaire.
Il a beaucoup de qualités,
Amour et amitié.
Il est très gentil avec maman,
Et avec nous, les enfants.
Je n'aime pas me faire serrer,
C'est ce qu'il fait.

J'aime mieux me faire caresser,
C'est ce que je voudrais.
Quand ma mère ne sera plus là,
Il faudra qu'il parle avec moi.
Et autant avec mes frères,
Et ce sera toujours mon père…
- Pascal

Ce poème de Christophe, je le vois comme un cri très fort exprimant le besoin de s'agripper à du roc, à du solide, à de la stabilité :

Papa, j'aime quand tu me prends dans tes bras.
Tu me serres avec force
Et tu me presses le torse ;
Tu es très affectueux
Et tu combles mes vœux.
Reste toujours ainsi
Mon papa chéri !
- Christophe, 10 ans

Je n'ai jamais voulu cacher quoi que ce soit aux enfants ; ils suivent les événements presque au même rythme que Marcel et moi. De toute façon, je n'aurais pu leur cacher la vérité ; ils l'auraient pressentie. Ils ont besoin qu'on en parle beaucoup, qu'on leur dise ce qu'il adviendra après mon départ. Il faut les rassurer, leur confirmer qu'il y aura une continuité dans les choses très concrètes, quotidiennes, ainsi que dans leurs projets.

Pour le moment, les questions qui surgissent sont celles-ci : « Qu'est-ce que nous allons devenir ? Quand nous allons arriver à la maison vers quatre heures, qui nous accueillera ? Qui va recoudre le bouton perdu ? » Cela manifeste une grande insécurité qu'il faut arriver à faire exprimer. À un moment donné, il arrive que l'un d'entre eux réussisse à « sortir » quelque chose. C'est à ce moment-là que je peux m'approcher davantage de lui et essayer de l'aider à envisager l'à-venir. Pendant deux semaines, les inquiétudes étaient surtout d'ordre matériel ; après, d'autres questions ont surgi, telles que : « Tu t'en vas ; on ne te reverra plus ? Est-ce que c'est le Bon Dieu qui veut que tu meures ? Quand nous allons mourir à notre tour, est-ce que nous allons pouvoir te retrouver parmi tout le monde qui est déjà rendu là ? »

LA SOUFFRANCE

Dans la vie Il faut savoir souffrir
Même s'il faut en mourir
C'est triste
Mais comment faire
Faut-il être optimiste
Ou faut-il se taire ?
Comment s'inspire un artiste

Pour écrire quelques vers
D'un poème mortuaire
- Christophe

La nuit

Extrait de mon journal en date du 23 janvier 1987 :

Cette nuit, je me suis éveillée très souvent ; veille, silence, solitude… Je traverse un tunnel. Dans quelques semaines, ce sera la fin. La mort se présente, inévitable, tel un gouffre qui engloutit. Je me sens oppressée. Ce qui me chagrine le plus, ce n'est pas de partir, mais c'est de laisser mes affections : Marcel, les enfants avec qui je vis depuis tant d'années. C'est comme sauter du bateau avant la fin du voyage. Je me sens un peu « lâcheuse ».

Le temps est lourd, chargé…

Les enfants, instruits depuis le début de la précarité de ma situation physique, sont mis au courant de l'imminence d'un dénouement. Ils ne réagissent pas, comme si on parlait d'un fait divers.

Je me souviens d'une période bien précise de ma vie où j'ai dû affronter « la nuit ». Après une période de sept ans passée dans un domaine, je me suis vue obligée de me réorienter, de faire un demi-tour complet. J'étais devant un trou noir, un peu comme je le suis maintenant devant ma mort. La seule chose qui me tenait alors était ma foi au Seigneur ; j'étais sûre qu'il ne me lâcherait pas. Il savait où Il devait me conduire; moi, je ne voyais plus rien et lorsque je regardais en avant, je paniquais. Avec Son aide, je me suis sentie capable de faire le passage. Je me rappelle avoir pensé à Thérèse de l'Enfant Jésus et à sa faculté de se remettre entièrement entre les bras du Seigneur: « Lui, Il le sait, je me repose donc en Lui. ».

Ce que je vis aujourd'hui ressemble un peu à cette expérience que j'ai déjà vécue et je me dis alors: « Le passé est garant de l'avenir. » Je n'ai jamais regretté d'avoir fait confiance au Seigneur à ce moment-là. Cet immense trou noir qui m'effrayait tant, j'ai finalement passé à travers avec assez de facilité. C'est alors vraiment que je me suis dit: « Le Seigneur ne peut pas ne pas exister; or si je L'ai vu une fois, je peux Le voir une deuxième fois. »

La mort de ma mère

La mort de ma mère est devenue chose évidente, mais, avant qu'elle ne meure, il nous reste du temps. Du temps pour jouer, du temps pour nous amuser, et aussi du temps pour vivre une dernière fois le bonheur d'être ensemble. Mais ce temps de paix, un jour, finira. Ce sera la mort, mais aussi la résurrection, car elle sera plus heureuse dans l'au-delà. Cependant, pour nous qui resterons sur terre, ce sera un moment de grande tristesse. De grande tristesse, mais aussi de grande

joie, car savoir que ma mère sera heureuse jusqu'à la
fin des temps a de quoi me réjouir grandement.
- Emmanuel

LA SÉPARATION

Un grand voyage, ça se prépare, surtout lorsqu'il est sans retour. Je me sens toute légère après avoir mis à la poubelle mes notes de recherche en vue d'un mémoire de maîtrise. Ma garde-robe n'a plus besoin d'être aussi élaborée : je donne, je jette. Je me sens toute nue, prête pour un nouveau cap. Quelle sensation de liberté !

La situation est donc très claire : je m'en vais. Quand on part en voyage, c'est qu'on a fait le choix de la séparation : choix libre ou imposé ! Devant cette situation, deux réactions sont possibles ; la première consiste à dire : « C'est épouvantable, mes proches et moi ne voyagerons plus dans le même train ; pire, je lâche le train en marche, alors que le voyage n'est pas fini, que les enfants ne sont pas prêts à être lancés dans la vie. » Une autre réaction serait de dire : « Je fais foi en la vie : j'ai tellement foi en elle ! » Cette dernière réaction est mon option, ma croyance, mon pari !

Deux sentiments se bousculent en moi au sujet de la séparation. Le premier est une hâte intense de rencontrer enfin le Seigneur face à face. Le second est le regret de quitter des amours et des projets. Comme c'est moi qui pars, je ne souffrirai pas du vide, de la solitude du cœur. Pour ceux qui restent, l'absence sera bien réelle.

Je dois me raisonner beaucoup pour me dire que la vie est plus forte que la mort et que l'absence ne sera pas une absence véritable, puisque je leur serai présente dans le Seigneur. J'ai quand même l'impression de les abandonner, et je sens qu'il y a un peu d'indécence de ma part à leur parler de ma hâte de voir le Seigneur.

Le refus et la peur

Je n'ai jamais eu peur de la mort, du moins pas jusqu'à présent. Je n'ai jamais non plus vécu de révolte véritable à son égard. Quand je parle aux autres de ma mort imminente, je me vois face à deux sortes de personnes : celles qui ont déjà envisagé leur propre souffrance et celles qui en ont peur, qui la refusent et qui la fuient. Quand je parle de ma mort aux autres, c'est en fait leur mort qu'ils affrontent et chacun réagit différemment selon qu'il l'accepte ou la refuse. Certains paniquent littéralement et s'éloignent de moi ; d'autres se rapprochent, acceptent d'écouter, de se laisser provoquer et transformer. Beaucoup continuent d'être proches par affection. Certains m'ont dit : « La mort, ça me faisait très peur ; j'ai vu mourir des proches et je suis resté accroché. De te voir, de t'entendre, ça me réconcilie avec elle. »

Les personnes viennent me visiter pour deux raisons : pour me rencontrer et pour se rencontrer elles-mêmes. Certaines se forcent pour me rencontrer car elles pensent que cela me fera plaisir de les voir. Elles viennent me rassurer, m'encourager, me dire de ne pas me laisser aller. Elles le font avec bon cœur, généreusement. D'autres viennent pour elles-mêmes et ce sont celles-là les plus difficiles à porter. C'est parfois frustrant car je me demande ce qu'elles cherchent au juste. Ce que je peux leur apporter, elles le refusent ou en ont peur. La souffrance les insécurise dans leur valeur, parfois radicalement.

Une personne est venue me voir l'autre jour après avoir appris la nouvelle de ma rechute. Elle était complètement paniquée. Elle voulait me parler, prendre la journée pour me parler. C'est ce qu'elle a fait : elle a parlé tout le temps, sans prendre le temps d'écouter ce que j'avais à dire. Jamais elle ne s'est laissé provoquer par la situation. Après plusieurs heures de ce régime, épuisée, j'ai dû presque la mettre à la porte. Elle avait sans doute toute la bonne volonté du monde, mais ce qu'elle venait chercher, elle n'a pas pris le temps de le demander, de l'entendre, de l'accueillir. Elle avait peur.

J'ai de bons amis qui, même s'ils habitent loin d'ici, sont toujours restés près de moi. Lorsqu'ils viennent me voir, ils me disent : « Ça n'a pas de bon sens que ça t'arrive à toi. Tu es trop jeune. Pourquoi toi ? » J'ai tendance alors à répondre par une autre question : « Pourquoi cela arriverait toujours aux autres et pas à moi ? » Cette réponse scandalise parfois. Les gens me trouvent défaitiste ; ils me disent que j'accepte trop facilement, que je vais délibérément à la mort. Mais, quand j'ai fait vraiment le tour de la situation, que je vois clairement que la maladie recommence à faire son ravage et qu'il n'y a plus rien à faire, il me reste deux options : ou je me cache la tête dans le sable pour ne rien voir, ou je regarde la mort en pleine face et je dis : « Écoute, tu ne manqueras pas ta sortie. »

Ce n'est pas comme une mort accidentelle, il me reste encore du temps pour vivre pleinement. Je vais vivre ces moments le mieux possible, non pas à plat ventre, mais debout. Je dirai, à chaque jour qui se lève : « Je suis encore là, c'est fantastique ! » Bien sûr, il y a une question de tempérament là-dedans ; j'ai vu des gens apprendre l'échéance de leur mort, vouloir croire à la guérison malgré tout et même se dire miraculés, à un certain moment ; personnellement, je ne vis pas cela ainsi : ce n'est ni mieux ni pire, c'est différent !

Le bruit

J'ai toujours détesté le bruit, le vacarme. Je n'aime pas que l'on élève la voix dans la maison, je suis viscéralement incapable de supporter la violence sous toutes ses formes. Il y a un autre bruit qui est également pénible à subir, c'est l'envahissement de mon intimité. Beaucoup s'arrogent le droit d'entrer chez moi, de m'interroger, de me palper l'âme. Je me sens parfois littéralement happée, comme si on voulait de moi une réponse que je ne peux pas donner.

J'ai reçu récemment des personnes qui venaient me parler de leur maison, de leur auto, de l'argent que ça prend pour élever des enfants. Elles me démontraient, preuves à l'appui, comme il est important de planifier l'avenir de leurs enfants, pour que ces derniers prennent leur vie en main et fassent de bons salaires. Je restais là, muette, incrédule. Je savais pourtant qu'elles étaient venues me réconforter, m'offrir bien généreusement leur aide. Mais comment était-ce possible qu'elles ne comprennent pas la futilité de leurs paroles? D'autres personnes comme celles-là s'annoncent pour bientôt. Il faut vraiment que je prenne le temps et que je réfléchisse. Est-ce que c'est le Seigneur qui me les envoie, ou cela fait-il partie du vacarme et du bruit?

Moi qui ai tant besoin de solitude, je me sens envahie par les gens, par leur présence physique et par leurs désirs de relation qui se réveillent… parfois un peu tard! Autant il est bon de pouvoir échanger en profondeur avec quelques intimes, autant il est pénible de recommencer plusieurs fois par jour à exprimer des choses si profondes. J'ai parfois envie de crier: «Laissez-moi vivre! Ne cherchons pas à bâtir entre nous, en quelques jours, ce que l'on n'a pas choisi de faire durant la vie. Permettez à mes énergies de ne pas être tournées uniquement vers la mort. Je suis une mourante, il est vrai, mais je vis encore! J'ai encore des goûts, des plaisirs, des projets, des intérêts.»

Il n'est pas facile de rester maître de son temps, de limiter les visites, d'exprimer clairement ce que l'on attend de ces rencontres, de ces conversations, de garder en main l'organisation de son calendrier, de ses activités. Et pourtant, il le faut, car la qualité de la vie qui reste en dépend.

La culpabilité

Voici ce qui est écrit dans Jean 9, 1-3 :

Et en passant, il vit un homme aveugle de naissance et ses disciples l'interrogèrent en disant : Rabbi, qui a péché pour qu'il soit aveugle-né ? Lui ou ses parents ? Jésus répondit : Ni lui n'a péché, ni ses parents. Mais c'est pour qu'en lui soient manifestées les œuvres de Dieu.

Il faut vivre une maladie incurable pour voir à quel point les gens ont un très fort besoin de trouver un coupable. Ce que l'on entend fait parfois dresser les cheveux sur la tête : «Les personnes qui ont le cancer, c'est parce qu'elles sont trop orgueilleuses pour se réconcilier avec elles-mêmes.» «Si ton corps est malade, c'est parce que tu t'es mal alimenté.» «C'est la faute de ton hygiène mentale.» «Si tu faisais un peu d'effort, par ta volonté tu pourrais guérir.» «Chacun fait sa propre maladie.» «Il y a des tempéraments pour certaines sortes de maladies.»

Chacun propose sa propre solution qui sera selon lui infaillible : un livre à lire, quelqu'un à écouter, un pèlerinage à faire, une prière à réciter, une petite boule à faire tourner sous le pied, un massage à un point bien précis du corps et Dieu sait quoi encore ! «Tu es responsable de ta propre maladie ; il faut que tu guérisses à tout prix ; survivre est la valeur suprême» : voilà qui résume bien tous ces discours.

Il fait bon entendre Jésus reprendre la question et dire : « S'il est malade, c'est pour qu'en lui soient manifestées les œuvres de Dieu.» Lui ne s'attarde pas aux causes, Il regarde vers l'avant. Dans cet événement qu'est ma mort, il y a un message. Et si l'entourage veut bien être à l'écoute, pour lui aussi cet événement sera porteur de message.

Et si vivre à tout prix n'était pas la valeur suprême? Il faut avoir côtoyé de très près la souffrance pour savoir jusqu'à quel point elle comporte et apporte une richesse profonde. Elle est l'occasion d'une relation profonde avec l'autre et avec l'au-delà. Elle véhicule une joie innommable issue d'une vision nouvelle; rien n'est changé, mais tout est transformé.

Joie intérieure, paix, sérénité, dépouillement du regard, nudité qui nous place devant l'essentiel.

Le mal

Dieu est-il responsable de la souffrance, du mal, de la mort?

Moi, je crois que Dieu a mis dans la «nébuleuse gazeuse originelle» tout ce qu'il fallait pour guérir de la leucémie ou de toute autre maladie; c'est à nous, les humains, de travailler fort et de trouver les médicaments qu'il faut. Jusqu'ici, les chercheurs n'ont pas trouvé: c'est un échec de la médecine qui fait que je vais mourir!

Par contre, dans ma lecture de foi, je me dis que c'est le Seigneur qui me parle dans cette maladie, qu'il veut me dire quelque chose à moi et à tous ceux qui m'entourent, à

Marcel, aux trois garçons qui vivent avec moi. Dans chaque événement, c'est Dieu qui me parle !

« Père, […] que ce ne soit pas ma volonté qui se fasse, mais la tienne ! » (Lc 22, 42)

LE CORPS

Ma mère Suzanne préférait, au lieu d'aller à l'hôpital uniquement pour vivre une ou deux semaines de plus, rester à la maison avec nous le plus longtemps possible. À quoi sert-il donc de vivre couché sur un lit d'hôpital à vivre une vie mécanique, solitaire et ennuyante ? C'est ce que ma mère s'est posé comme question. Aussi vaut-il mieux rester à la maison, faire le travail lentement sans se presser. Ma mère se fatigue de plus en plus, bientôt elle ne pourra plus faire le travail. Nous le ferons, bien sûr, au début avec de l'aide. Le moral est très dur à garder pour moi, mes deux frères et mon père. Ma mère, elle, garde le sourire bien qu'elle ait la leucémie. Sa maladie ne semble pas la déranger, elle ne souffre aucunement. Cette maladie (on ne sait pas comment la guérir) demande quelques exigences, il ne faut pas trop circuler ni parler trop fort. Il n'y a aucun risque de contagion.

- Christophe

Mon corps n'a jamais été tellement au centre de ma vie. Mais il m'arrivait de temps en temps de récriminer contre mes cheveux, qui frisaient mal et qui étaient raides. J'en voulais aussi à mon front, trop large, trop haut. Le Seigneur a eu de l'humour, il m'a dégagé complètement le front que je cachais d'habitude avec un petit toupet ; Il me l'a découvert en m'enlevant complètement les cheveux par deux fois lors des traitements de chimiothérapie. Par la suite cependant j'y ai gagné puisque les cheveux ont repoussé plus frisés.

Perdre mes cheveux n'était pas nécessairement une tragédie pour moi. Entre mourir et perdre les cheveux, il n'y a pas de choix véritable. Par contre, les gens qui me voyaient la tête découverte étaient souvent stupéfaits, alors que, pour moi qui étais en danger de mort, c'était un détail. Pour eux, la perte de mes cheveux devenait plus importante que la conscience de la situation dans laquelle j'étais. Pour mes enfants aussi, la perte de mes cheveux était impressionnante. C'est la raison pour laquelle j'ai accepté de porter une perruque pendant quelque temps. Je la portais quand les gens étaient là, mais quand j'étais seule, j'étais plus à l'aise en l'enlevant.

Je suis une personne très active. J'aime beaucoup faire les choses par moi-même. Depuis le début de ma maladie, j'ai de la difficulté à affronter mes tâches quotidiennes à cause de la forte médication. J'ai dû accepter de me faire aider. Ce n'est pas facile d'avoir toujours quelqu'un dans la cuisine qui fait pour nous le travail, mais qui ne le fait pas toujours comme nous. Pourtant, mon handicap physique m'a aussi permis de développer l'autonomie des enfants à l'intérieur de la maison. J'ai commencé à leur apprendre à se débrouiller dans la cuisine, le ménage et même la couture. Je me disais que lorsqu'il s'agira pour eux de choisir une compagne, ce sera pour des motifs plus nobles que celui de recoudre des pantalons.

Mon corps se souvient encore des conséquences des interventions que l'on a pratiquées sur lui : mal de cœur, perte des cheveux, manque d'appétit, etc. J'aime toujours ce corps qui a participé avec efficacité à une multitude de projets qui me tenaient à cœur ; je me sens bien avec lui et je ne suis pas fâchée à l'idée que je vais un jour le retrouver. Pour le moment, il décroche, il ne veut plus me suivre, nos routes ont l'air de se séparer. Par contre, de « l'autre côté », il semble qu'il n'y ait pas de temps. S'il n'y a pas de temps, on va donc se retrouver très vite. Lui et moi, nous faisons bon ménage. Je dirais même que nous sommes inséparables : nous faisons un tout.

Lorsque mon corps sera exposé, je veux qu'on laisse un petit mot bien en vue sur mon cercueil. C'est une lettre d'adieu temporaire que j'ai déjà préparée et qui dit à peu près ceci : « Ce qui est là, c'est mon corps ; mais dans la foi, je suis déjà retournée en Galilée, comme le Seigneur après sa résurrection ; je suis déjà retournée chez moi, dans ma maison, mais sous une autre forme. Ma présence restera aussi intense quoique différente. » C'est pourquoi je répète aux enfants que lorsqu'ils voudront me parler, ils n'auront qu'à entrer dans leur cœur comme ils le font maintenant : là où le Seigneur sera, je serai !

Lorsque mon corps sera exposé au salon funéraire, je veux qu'il soit revêtu de vêtements rouges pour le préparer à la fête. J'aurais aimé pour la circonstance que l'on installe partout dans le salon des ballons de toutes les couleurs et qu'on en donne à ceux qui viennent afin de rompre cette atmosphère solennelle, cette atmosphère de mort. Quand on est croyant, la mort n'existe pas vraiment ; elle n'est qu'une illusion. Elle est uniquement la jonction entre deux vies et marque le passage entre le connu et l'inconnu. Ce vœu, j'hésite à le formuler, car je sais que cela peut être trop provocant. Je veux respecter les gens qui vivent cela différemment. Pourtant j'aurais bien aimé…

Mon corps, pour une dernière fois, sera transporté à l'église et sur lui on exécutera des rites et des prières. Il sera pour les vivants une provocation, une interrogation de leur vécu, de leurs valeurs, du sens qu'ils donnent à la vie. Puis on le déposera en terre, dans le cœur de cette terre-mère qui m'a vue naître, cette terre qui continuera son process-sus de mort-vie. Sur moi, chacun déposera une poignée de terre ; ce sera le signe de son accompagnement et aussi de son acceptation du nouveau projet que le Seigneur a sur moi. Et ce sera la fin visible de ce corps, de mon corps. On se souviendra alors de cette Parole de l'Évangile : « Pourquoi cherchez-vous parmi les morts celui qui est vivant ? Il n'est pas ici. Il s'est relevé de chez les morts. Et voici qu'il vous précède en Galilée. » (Lc 24, 5-6 ; Mt 28, 7)

LA FOI

La soif

Accueillir la foi n'est pas suffisant pour moi. Je dois l'en-
tretenir dans mon cœur, mieux la connaître, lui consa-
crer du temps. Ça me fait penser à quelqu'un qui aime
les fleurs. Il s'empresse d'acheter des livres sur le sujet, il
consulte des revues. Il va essayer d'en jardiner, d'en échanger avec d'autres. Il est prêt à y mettre beaucoup de temps,
à convaincre les autres d'en faire pousser. Parfois même il
lâchera son travail pour mieux s'en occuper.

Cela me frappe de voir combien les gens sont prêts à mettre
beaucoup d'efforts sur leur jardin et si peu sur leur foi. On
dit : « J'ai la foi », et on vit béatement sa vie. Je pense que
si on aime quelque chose, si c'est une valeur pour nous,
il serait important d'y mettre du temps, du temps pour
faire des recherches, pour réfléchir, pour s'interroger sur
le passé et le présent ; il faut lire des volumes qui sont vraiment pertinents, et pas seulement des opinions, mais des
travaux sérieusement documentés.

On peut aimer beaucoup les fleurs, mais si on ne fait qu'y
penser, on devra se contenter d'en acheter au magasin de
temps en temps. Pour faire pousser des fleurs, il faut s'in-
former, aller voir dans les pépinières, les comparer, travailler la terre avec ses mains, tâter la terre de temps en
temps pour connaître son degré d'humidité, de sécheresse.
Il faut y mettre le plus d'énergie et d'efforts possible. Pour
la foi, c'est la même chose. Ce n'est pas tout de dire : « J'ai la

foi ». Il est important de la méditer, la critiquer, la mettre à l'épreuve ; tous ces moments se vivent autant avec le cœur qu'avec la tête.

En ce qui me concerne, j'ai étudié, presque à temps plein, durant quinze ans de ma vie, la question religieuse. J'ai fait des recherches, des comparaisons. Cela a valu la peine, mais ce n'est pas cela qui a donné davantage de densité à ma relation avec le Seigneur. Cette recherche a articulé, coloré cette relation ; elle m'a permis de dire ma foi, d'en parler avec d'autres, de critiquer ce que vit mon cœur.

Enrichir ma relation avec le Seigneur, la rendre de plus en plus intense, voilà ce que j'ai essayé de faire durant ma courte vie, et ma mort sera une amplification et une « éternisation » de cette relation avec Lui.

Je Le rencontrerai bientôt ce Seigneur… enfin ! J'ai toujours vécu avec un certain sentiment de courte vue, j'ai trop de questions sans réponses, j'ai trop le goût de savoir, de connaître ; je suis trop bloquée par toutes sortes de finitudes. Enfin, je vais pouvoir aller au bout de mes soifs. Soif de connaître, soif d'aimer et d'être aimée, soif d'être partout à la fois, de dépasser le visible, soif de distancier mon vécu, de le laisser critiquer par une autre vision. Soif de Le rencontrer, enfin !

La mort et la résurrection

La mort et la résurrection,
C'est comme une chanson,
Que l'on chante étant caché,
De peur de se faire réprimander.
Les gens d'aujourd'hui
Se cachent comme des souris,
En fuyant la mort,
Cette mort qui nous fait du tort.
Mais ce que l'on ignore
C'est qu'après la mort
Viendra un temps que l'on bénira
Où l'on chantera l'Alléluia !
- Emmanuel

La certitude

J'ai fait ma première communion à l'âge de six ans. Je me souviens très bien, comme si c'était hier, de ce que j'ai vécu ce jour-là. J'étais en costume ordinaire. J'étais la seule à faire ma première communion. Mes parents m'accompagnaient ; personne d'autre que mes parents. Je me souviens d'avoir vécu quelque chose de très fort. Une espèce de prière me tournait dans la tête : « Seigneur, je suis donc bien avec toi, je suis contente que tu sois là et j'aimerais donc que ça reste toujours ainsi. » Ma relation avec le Seigneur s'est toujours manifestée comme une détente, une quiétude, une sérénité. C'était aussi quelque chose de très fort, qui permet de passer à travers tous les hauts et les bas de la vie ; mais c'était avant tout une certitude. Comme le soleil se lève le matin, Dieu est présent dans ma vie. Il est présent comme force de vie, comme la lumière, comme le soleil, comme l'eau.

Cette certitude, je ne l'ai pas acquise dans les livres ou par l'étude. Cela a toujours été là, au fond de moi, je ne sais pas pourquoi. C'est une certitude qui ne s'est jamais démentie ; c'est sur elle que je base mon pari. Je sais que tout le monde ne le vit pas de cette façon. Je sais que c'est une espèce de cadeau que le Seigneur me fait. C'est ainsi.

Mes parents sont de solides croyants ; tout au long de mon enfance, je les ai vus souvent s'arrêter pour prier. Leur vie de prière ressemble à une respiration devant le Seigneur et leur « faire » est branché sur la Providence. Je crois que c'est chez eux que j'ai puisé mes certitudes actuelles.

Voici comment ils réagissent en apprenant ma mort prochaine :

Ta visite, l'annonce de ta fin prochaine, ne nous a pas trop surpris. Chaque matin, dans une simple prière, nous disons à Dieu : « Seigneur, nous acceptons dans la joie la souffrance des événements comme signe parmi nous de ta présence qui sauve… »
J'aime dire que les mieux préparés embarquent les premiers. Parfois, l'on pense qu'un peu de vent peut nous faire tomber ; par exemple, samedi, ton père, en voulant faire tomber de la glace du toit, en a reçu dans la figure : ce n'était pas beau à voir ! Je lui ai dit : « Pas prêt ? Pensons-y !… » Je ne me sens pas si prête que toi,

pour laisser les miens : que Dieu me prépare davan-
tage. On pense à toi, on vivra avec toi. Sûrement que
ceux qui restent auront la grâce de passer à travers :
pas d'épreuve sans puissance !

Je n'ai jamais douté. Et j'en remercie le Seigneur. C'est peut-être égoïste, mais je suis contente d'être comme cela, surtout actuellement. Tout est tellement plus facile lorsqu'on est engagé dans une option, dans un pari.

À quelqu'un qui me dirait : « J'aimerais avoir ta foi », je répondrais par la parabole de l'Ami importun : un voisin vient frapper à la porte de son ami, en pleine nuit, pour lui demander du pain. Il frappe, frappe et frappe encore, jusqu'à ce que l'ami se réveille, à bout de patience, et lui donne une miche de pain. La foi, c'est un don du Seigneur. Si tu veux l'avoir, frappe et frappe encore. Ce n'est pas de ma faute si je l'ai, ce n'est pas de ta faute si tu l'as moins. Continue à frapper. Moi, je te dis que le Seigneur existe et qu'Il te répondra ; si tu manques de foi en toi, appuie-toi sur ta foi en moi et continue de frapper…

La foi, c'est un don, un cadeau que l'on ne mérite pas. Moi, le Seigneur ne m'a pas demandé de frapper parce qu'Il savait peut-être que je n'aurais pas frappé assez longtemps. Il connaît mes faiblesses. J'admire ceux qui sont capables de frapper sans arrêt, et j'ai bien hâte de les rencontrer de l'autre côté.

LA RÉCONCILIATION

À une mère
Que j'aime beaucoup,
Dont la carrière
A été jusqu'au bout.
Elle s'appelle Suzanne
Et est proche de la mort ;
Elle n'a pas besoin de canne,
Elle est fatiguée d'accord
Mais peut supporter
Sa terrible maladie
Dont elle ne peut se débarrasser
Qui s'appelle la leucémie.
Elle va mourir, mais
Toujours un espoir luit :
C'est d'aller aux cieux
Le pays des gens heureux
- Christophe

Des qualités, des défauts

Je trouve un peu effrayante l'insistance que l'on met aujourd'hui sur certaines valeurs, comme la jeunesse du corps, la beauté des traits, le « vivre-à-tout-prix » et l'illusion de l'immortalité de notre corps terrestre. Les malades, on les cache, on n'en parle pas, ils disparaissent derrière des portes closes. Les mourants, ils finissent leurs jours à l'hôpital. Ce qui est beau et bon, ce qui est valorisé, ce sont nos qualités. Nos défauts, il faut les masquer. Ils ne sont pas beaux.

J'ai la profonde conviction, quant à moi, que nos qualités et nos limites forment un tout indissociable. Le Seigneur a un projet sur chacun de nous et il n'y a que nous qui pouvons l'accomplir, parce qu'il n'y a que nous qui avons telles qualités et telles limites. Nous essayons de relever notre image afin que les autres nous pensent parfaits. Nous travaillons notre décor extérieur, la maison et les biens, toujours en fonction du paraître. Mais nos limites, nous ne devons pas les montrer. Et quand on en voit chez les autres, on s'empresse de les pointer du doigt.

Moi, j'ai déjà été « parfaite ». J'essayais d'imiter la petite Thérèse, je ramassais des épingles par terre pour sauver les âmes ; mais je ne me rendais pas compte que je poussais les autres pour faire cela. J'étais parfaite, je faisais tout à la perfection. Mais un jour, j'ai vécu une épreuve qui m'a ouvert les yeux. J'ai dû subir l'autorité d'une personne que je trouvais insupportable. C'était pourtant une personne comme tout le monde. Elle avait ses qualités et ses défauts, sauf que ses défauts m'énervaient. Elle faisait surgir en moi des sentiments jusqu'alors inavoués, des sentiments que je ne trouvais pas beaux du tout. En fait, j'éprouvais envers elle des sentiments qui me faisaient peur. Moi, si « parfaite », je ne réussissais pas à dominer ces sentiments-là. J'ai vécu alors ce que j'appelle mon année d'enfer, parce que cette personne me faisait prendre conscience de mes limites… et cela, ce fut très dur.

J'ai alors compris que je n'étais pas aussi parfaite que je le pensais, que j'avais des qualités et des défauts comme tout le monde. À partir de ce moment-là, j'ai relevé la tête et j'ai dit, à moi et aux autres : « J'ai mes qualités et mes défauts, tu as tes qualités et tes limites, on va essayer de marcher avec cela ! »

Je pense même qu'il est important de ne pas tenter de cacher ses défauts, ils peuvent devenir importants pour les autres. J'ai déjà rencontré une personne qui avait la sclérose en plaques. Elle acceptait sa maladie. Elle en parlait beaucoup. Elle vivait cela dans le Seigneur, au quotidien. J'étais frappée de la voir vivre ses limites, de l'entendre parler de ses hauts et de ses bas, sans pudeur. Je me sentais rassurée, rassérénée par son comportement, moi qui cachais mes limites, qui les trouvais affreuses. Je me suis dit alors : « Si je disais aux autres mes limites, ça leur ferait peut-être du bien aussi. » Depuis ce temps-là je vis la tête haute, avec mes qualités et mes défauts ! Je me retrouve bien à ma place à cette table des pécheurs lorsque Jésus dit : « Ce ne sont pas les gens bien portants qui ont besoin de médecin, mais les malades. » (Mt 9,11)

La confiance

Marcel et moi, nous sommes mariés depuis treize ans. Nous nous sommes toujours beaucoup, beaucoup parlé. La première année de notre vie de couple a été très difficile. C'est effrayant comme nous nous sommes parlé ; heureusement, car autrement notre couple n'aurait pas résisté. Et cela a véritablement été la base, la fondation de notre vie à deux. C'est à ce moment que nous avons mis en place les mécanismes pour régler les conflits, non pas les faire disparaître, mais les résoudre. Les conflits, c'est ce qui dynamise la vie de couple ; si des mécanismes pour y faire face ne sont pas mis en place, un jour ou l'autre, inévitablement, l'un des deux cédera et l'autre en profitera. Au début, nous pouvions prendre deux jours, parfois trois pour régler nos conflits. Aujourd'hui, en dix minutes, nous sommes capables de nous resituer.

Chacun met en place les mécanismes qu'il faut selon son tempérament. Moi, je suis très secondaire ; je suis fille de paysan, habituée à vivre seule, à organiser ma vie toute seule. Marcel, lui, vient d'un milieu citadin ; il est plus prompt, il s'exprime directement, alors que moi, je fais bien des détours. Au début, avec lui, ça me prenait beaucoup de temps pour m'exprimer ; avec le temps, en se parlant et se parlant encore, en s'écoutant, on a réussi à avoir le bon pas ensemble. Au fond, c'est un peu comme une danse qui peu à peu permet d'établir un fond de confiance. Se parler beaucoup, oui, mais pas seulement à l'occasion des conflits ; cela fait que l'on se connaît mieux et que l'on s'apprécie davantage.

Qu'est-ce qui fait que l'on ne s'ouvre pas à l'autre ? C'est parce que l'on n'est pas sûr de la façon dont l'autre va nous recevoir. C'est un jeu qui se joue à deux, et il arrive que tous les deux fassent preuve de non-confiance. L'un dira : « Tu ne t'ouvres pas, tu ne me fais pas confiance. » L'autre répondra : « Tu ne me fais pas confiance, tu me brusques trop. » C'est un jeu de confiance.

Lorsque je me mets à nu devant l'autre, je lui donne des armes dont il pourrait se servir contre moi éventuellement. Au début, tu ne veux pas rendre tes armes. Puis tu finis par t'apercevoir que l'autre ne les a pas utilisées contre toi. Tu te dis alors que tu peux lui en remettre un peu plus la prochaine fois, sachant qu'il ne s'en servira pas. Mais voilà, cette fois-là il les utilise. Alors tu retires tes billes jusqu'à la prochaine fois. C'est ça la petite danse. C'est tout l'apprentissage de la confiance.

Actuellement, et surtout depuis ce que l'on vit, la confiance est acquise. Il me reste peu de temps. On ne le perdra pas à s'accrocher dans les fleurs du tapis. La petite danse, on n'a pas le temps de la finir. Il vaut mieux alors y aller directement, il vaut mieux se faire confiance tout de suite. La vie de couple est une vie d'apprentissage. On ne s'improvise pas dans ce métier.

Nous avons appris aux enfants à se parler beaucoup, à régler leurs conflits. Nous considérons que c'est l'apprentissage fondamental à la vie en société, à la vie de couple. Dès qu'il arrive un dilemme entre les enfants, nous les incitons à en parler. Au début, ça pouvait prendre une demi-heure, une heure avant qu'il y ait des choses qui sortent et que le tout finisse par se régler. Maintenant, en dix minutes, des arrangements sont pris à la satisfaction de tous. Il faut cependant que les trois soient satisfaits car nous leur apprenons également à ne pas démissionner devant la difficulté de la démarche. Quand ils ne sont pas d'accord avec nous, nous leur demandons de nous le dire ; nous échangeons jusqu'à ce que nous finissions par nous comprendre et obtenir un consensus.

L'ÉGLISE

La communauté

Je viens de parler de réconciliation avec soi, avec ses qualités, avec ses limites, et aussi de réconciliation avec les autres, avec leurs qualités et leurs limites. À partir du moment où j'ai compris et où j'ai accepté jusque dans mes entrailles que j'étais limitée, j'ai aussi accepté que les autres soient limités et cette prise de conscience est devenue toute la base de mon acceptation de l'Église, tant de l'Église-peuple-de-Dieu que de l'Église-institution. À partir de ce moment-là, j'ai pu m'émerveiller que l'Évangile nous soit parvenu à travers les siècles en passant par un tel canal. Je demeure ébahie de la force de l'Esprit-Saint qui agit malgré, et je dirais même, avec nos limites humaines. C'est merveilleux ! Moi, l'Église, maintenant, je l'ai dans le cœur et elle n'est pas prête d'en sortir ; j'en fais viscéralement partie ; je m'y retrouve !

Dans ce même mouvement d'acceptation de moi et des autres, à l'intérieur de cette Église bien humaine, en sa présence et en la présence d'un de ses représentants officiels, je désire me présenter publiquement avec mes qualités et mes limites, avec mon bon côté et aussi avec mes torts. Publiquement, je confesserai mes fautes parce qu'en Église elles ont été commises ! Dans Paul, on lit : « Vous serez jugés sur l'Amour » (I Co 13, 1-8a). Par Paul, le Seigneur me répète qu'en arrivant de l'autre côté, une seule question me sera posée : « As-tu aimé ? » C'est pourquoi, avant mon départ, je veux demander pardon pour tous mes manques d'amour.

Je désire confesser publiquement mes fautes parce qu'elles ont été faites publiquement.

— Pour chaque fois que mon ouïe, mon odorat, ma vue, mon toucher, mon goût ont manqué à l'amour. Pardon, Seigneur.

— Pour chaque geste négatif posé. Pardon, Seigneur.

— Pour chaque abstention à faire le bien. Pardon, Seigneur.

— Pour les fois où je me suis cabrée devant ta volonté. Pardon, Seigneur.

— Pour toutes les paroles qui ressemblent à des vipères. Pardon, Seigneur.

— Pour mes manques de confiance aux autres. Pardon, Seigneur.

— Pour les fois où j'ai préféré mes plaisirs à tes projets. Pardon, Seigneur.

— Pour mes manques de confiance en Toi, en ta Providence, en ton Amour. Pardon, Seigneur.

De toutes mes fautes et de celles de toute ma vie, je demande pardon à Dieu et à tous ceux que j'ai côtoyés durant ma vie. Pour toutes ces fautes, je demande au prêtre, représentant de Dieu et de tous mes frères et sœurs en Église, pardon et absolution.

Vivre ensemble sa foi

La dimension communautaire de la foi est devenue pour moi très importante. D'abord la dimension horizontale : les proches et les moins proches, ceux qui partagent la même vision, le même pari de foi. Puis la dimension verticale : tous ceux qui nous ont précédés dans la foi. C'est étonnant comme depuis deux ans et demi le présent et le passé se confondent presque ; le passé me parle et m'interpelle presque autant que le présent. Toute cette communauté de croyants, passée et présente, c'est mon Église.

Mon Église du présent, c'est d'abord ma communauté immédiate : Marcel, les garçons, les gens que je côtoie régulièrement ; ce sont aussi les gens que je connais moins et qui me sont plus éloignés. J'aime participer aux regroupements paroissiaux, même si c'est parfois impersonnel. En fait, lorsque tu vis en Église, tu ne choisis pas les gens qui t'entourent et qui ont la même foi que toi. Ça, c'est la réalité. J'ai déjà eu l'occasion de déménager dans un autre pays. Je trouvais cela fascinant de retrouver, à la messe du dimanche, les mêmes gestes et les mêmes paroles que dans mon patelin. J'étais surprise de me voir là, réunie avec des gens d'une autre culture, en train de réciter les mêmes prières. C'est ça l'universalité de l'Église. L'Église, c'est donc la communauté qui m'entoure, mais c'est aussi tous les gens à travers le monde qui participent à une même Présence, celle du Christ.

L'Église-communauté-de-croyants, c'est aussi l'Église-institution. Je sais que ce n'est pas très à la mode de parler de l'Église-institution. Quant à moi, c'est au moment où je me suis réconciliée avec moi-même, au moment où j'ai décidé de marcher avec mes limites que je me suis réconciliée avec l'Église-institution ; elle a droit à ses limites, tout comme un individu, et j'ai cessé de ne me braquer les yeux que sur son aspect humain. Ainsi débarrassée de mes préjugés, j'ai pu prendre conscience du rôle qu'elle joue, rôle de continuité et de rassemblement dans le temps et dans l'espace. C'est pourquoi je veux recevoir le sacrement des malades des mains d'un ministre de l'Église, d'un représentant officiel de l'Église. Il va venir, avec ses qualités et ses défauts, mandaté par tous les membres de la grande Église. Il me dira que l'Église entière est présente, m'accompagne et me soutient dans l'événement que je suis en train de vivre. Elle me précède également puisqu'une partie de l'Église vit l'éternel présent de l'éternité.

Cette partie d'Église qui m'a précédée dans l'histoire, elle m'est beaucoup plus présente qu'avant. Ces gens sont partis et moi je suis encore là ; mais depuis quelque temps, c'est comme si je faisais un peu partie de leur passé et eux, de mon présent, c'est comme si la limite entre le présent et le futur était plus ténue qu'avant. J'ai bien hâte de rencontrer toute cette foule de gens qui ont vécu avant moi l'expérience de la mort ; que de choses on aura à se raconter ! Et de plus, les vivants d'aujourd'hui seront là puisque de l'autre côté, le passé, le présent et le futur seront réunis puisqu'il paraît qu'il n'y a plus de temps.

La prière

Seigneur, prépare la place de ma mère.
- Pascal

Seigneur, que ma mère, après son départ, reste toujours fidèle à sa présence en mon cœur.
- Christophe

Seigneur, quand ma mère sera morte, je souhaite que tu nous aides, nous qui restons sur terre, à supporter ce moment de tristesse.
- Emmanuel

J'aime bien prier avec les psaumes ; on y sent vivre des gens, aux prises avec les mêmes sentiments que nous : peur, crainte, désir de vengeance, désespoir, joie, reconnaissance, amour. Toute la gamme des émotions y passe et si on veut, on peut trouver un psaume qui colle à chacun des événements que l'on vit. Ce sont des prières courtes ; il y en a pour tout le monde et pour toutes les situations. Ça nous tourne dans la tête comme une ritournelle ; on peut les réciter, les chanter…

J'aime bien aussi me laisser aller tout simplement à rester là, à contempler un paysage ou encore, à écouter le silence, ou encore le bruit que font les gens ; c'est pour moi une prière de bûche qui brûle, qui se consume doucement devant le Seigneur.

Pour moi, tous les gestes de ma vie, toutes mes respirations sont une prière ; chaque seconde vécue dans la présence du Seigneur, chaque choix pris en se référant à Sa volonté, chaque événement vécu en voulant y lire Sa Parole, tout cela est une prière.

Je voudrais que les minutes qui me restent soient des instants où j'intensifie mes relations avec le Seigneur. Je ne veux pas manquer ma sortie. Elle est le point culminant de ma vie entière.

Toute mon enfance a été bercée par des « priez pour nous, pauvres pécheurs, maintenant et à l'heure de notre mort. » Un examen de conscience quotidien me faisait juger chaque jour comme s'il était le dernier. Dans ce grand mouvement de prière, tous les mourants du jour étaient associés. J'offrais leurs souffrances en union à toutes les messes qui se célèbrent chaque jour dans le monde entier.

Aujourd'hui, mourante à mon tour, j'aime me reposer sur ce grand courant de prière universelle. Je sens très fort la prière de parents, d'amis et de connaissances. Pour toute cette circulation d'énergie, merci, Seigneur.

Le sacrement des malades

Mon corps a traversé allègrement le temps, marqué ponc-tuellement par les onctions et les rites de l'Église : les sacre-ments, signes pour les sens d'une Présence gratifiante, aidante. Au fil des événements, chacun de mes sens a vécu tour à tour le plaisir et la déception. Ces sens m'ont accompagnée activement dans les moments de bonheur comme dans ceux plus décevants. Fidèles compagnons, ils méritent que, au moment de flancher, l'Église leur soit encore présente avec ses signes et ses rites ; c'est la raison pour laquelle je veux vivre le sacrement des malades.

Encore bien vivante et debout, je fais appel à la commu-nauté qui m'entoure et à un représentant officiel de la grande Église, pour qu'ils prient sur mon corps et sur cha-cun de mes sens. À l'aide de l'huile pour laquelle de tout temps on reconnut une valeur curative, à l'aide de ce sym-bole, nous supplions une dernière fois le Seigneur de me laisser la vie ! Le pardon de mes manques d'aimer traduits par mes cinq sens, la guérison de mon corps si telle est la volonté de Dieu, un regard renouvelé sur la souffrance et la mort, voilà ce que j'espère de cet ultime sacrement.

Ce matin, si nous sommes réunis, c'est à cause de mon corps qui est très malade. Une leucémie comme la mienne, à mon âge, est une maladie qui ne pardonne pas. Les spé-cialistes travaillent très fort pour en trouver les causes et pour découvrir un médicament capable de la guérir. Le Seigneur qui a fait l'Univers y a mis tout ce qu'il faut pour cela, et c'est aux humains de travailler fort, de chercher.

Dans mon cas, pour le moment, c'est un échec de la médecine et il n'y a que Dieu capable d'intervenir efficacement.

Ce matin, par le rite de l'onction d'huile, nous demandons au Seigneur la guérison. Si telle est sa volonté, je guérirai ! S'il a un autre projet sur moi, ensemble, nous prierons pour qu'il me donne la force de le réaliser et pour qu'Il nous aide à accepter ce projet.

De tout temps, on a donné à l'huile un pouvoir curatif. Si quelqu'un était malade, il allait chercher de l'huile et se frictionnait. Si un parent ou un ami était malade, l'entourage s'empressait de lui offrir le baume de l'huile.

Saint Jacques disait :

L'un de vous est-il malade ? Qu'il fasse appeler les Anciens de l'Église et qu'ils prient sur lui, après lui avoir fait l'onction de l'huile au nom du Seigneur. La prière de la foi sauvera le patient. (Jc, 5, 14-15)

La messe des funérailles

L'Église, dans sa richesse, a tout ce qu'il faut pour accompagner chaque événement important de notre vie par des prières et des rites appropriés. La mort est un de ces temps forts, l'étape ultime de mon voyage terrestre.

J'aimerais que cet événement soit comme un cri de fête, un immense Alléluia ! C'est ma rencontre avec le Seigneur, mon entrée dans le cœur du Père : c'est « la » fête ! Aussi, il faudra l'Évangile de la résurrection et un cantique comme celui qui paraphrase le psaume 121 :

J'étais dans la joie, Alléluia !
Quand je suis parti
Vers la maison du Seigneur.
Enfin nos pas s'arrêtent, Alléluia !
Devant tes portes, Jérusalem.

Lorsque j'ai parlé à Marcel de ce projet, il m'a dit : « Moi, je ne vis pas cela ainsi ; je vois davantage ton départ terrestre, la rupture de nos projets. » Et j'ai compris que la messe des funérailles devait souligner ces deux aspects : la joie et la souffrance, ou plutôt la joie dans la souffrance. C'est pourquoi nous avons ajouté le psaume 17 :

Je t'aime, Seigneur, ma force, mon sauveur,
Tu m'as sauvé de la violence.
Le Seigneur est mon roc, mon rempart
et mon libérateur, c'est mon Dieu.
Dans mon angoisse j'invoquais le Seigneur, vers mon
Dieu je lançai mon cri ;
Il entendit de son temple ma voix et mon cri parvint
à ses oreilles.

Ensuite, Marcel et moi avons choisi un texte de Job. Tous les amis de Job viennent le voir et lui disent : « Tu as sûrement fait quelque chose de mal pour que le Seigneur te punisse ainsi. » Job répond : « Pourtant, j'ai fait comme tout le monde, pas plus ni moins. » Puis il gémit vers le Seigneur : « Seigneur, tu sais, toi, que je ne suis pas fautif, qu'est-ce que tu veux de moi ? Que veux-tu me dire ? » À la fin, il comprend qu'il n'y a pas de coupable : les choses sont ainsi, c'est tout. Ce que le Seigneur veut : sa transformation, sa conversion.

Et enfin, un texte de Paul :

> *Quand je parlerais les langues des hommes et des anges, si je n'ai pas l'amour, je ne suis que bronze qui sonne ou cymbale qui retentit. Quand j'aurais le don de prophétie et que je connaîtrais tous les mystères et toute la science, quand j'aurais toute la foi jusqu'à déplacer les montagnes, si je n'ai pas l'amour, je ne suis rien. Quand je distribuerais tous mes biens, quand je livrerais mon corps aux flammes, si je n'ai pas l'amour, cela ne me sert de rien.* (I Co 13, 1-3)

LA VIE

La nature

Je suis une paysanne dans l'âme. Les paysans savent ce qu'est le cycle de la vie et de la mort. Je suis née en pleine nature, dans un coin isolé, sur une terre. J'ai passé mon enfance à contempler la nature. Je me couchais pendant des heures sur la « grosse roche » à regarder le ciel, à sentir les odeurs, à entendre les bruits. J'ai grandi seule avec moi-même et j'ai un grand besoin de solitude intérieure. Ce contact avec la nature a fortement coloré ma spiritualité. C'est à travers elle que je voyais Dieu, que je Le percevais. La vie, la mort, c'est normal pour moi. J'avais constamment sous les yeux le cycle vie-mort-vie. Alors, la vie entière est marquée par le couple mort-résurrection. Dieu est dans la nature. Il n'y a rien en dehors de Dieu. La nature est en Dieu. Ma vie fait partie de ce grand courant cosmique.

Le fruit reste longtemps vert sur l'arbre. Puis d'un seul coup, il rougit, il est prêt, il est mûr, il tombe. Il tombe dans la terre, prêt à repousser. Plus le fruit aura bien mûri, plus celui qui va pousser de la terre sera beau. Si le fruit mûrit mal, si la gelée l'a atteint, il peut rester accroché désespérément à l'arbre et y passer l'hiver. Il ne produira pas d'autres fruits alors. Il sera mort, mais sa mort sera stérile. Pour qu'un fruit produise un autre fruit, il doit tomber dans de la bonne terre, être arrosé par une pluie légère, avoir du soleil, beaucoup de soleil. S'il tombe sur de la roche, c'est fini. Mais si celui qui s'occupe du pommier a enlevé la roche et l'a remplacée par de la bonne terre, il aura participé à faire pousser d'autres fruits.

Les enfants sont pour moi un peu comme ces fruits qui repoussent. Ma vision par rapport à eux est double. D'un côté, il m'est pénible de penser que le travail commencé avec eux est laissé en chantier. Il y a en moi un cri profond : que deviendront-ils ? Cette affection qui les entourait, qui était mienne, ils ne l'auront plus. C'est un cri humain, terre-à-terre, senti, à ras le sol. D'un autre côté, ma confiance en la vie prend le dessus. Je me laisse alors imprégner par l'image des petites graines que mon père mettait en terre chaque printemps. Ces petites graines poussaient, fortes, vigoureuses, pleines de vie.

Vivre le moment présent

J'écrivais dernièrement dans mon journal :

Enfin, je débloque. Ma nature optimiste reprend le dessus. Il me sera impossible de continuer ma route si je ne reprends pas le 24-heures-à-la-fois. Aujourd'hui, je vais très bien, je ne souffre pas, j'ai de merveilleux enfants et un amour de mari. Le soleil est resplendissant et je vis dans un décor de rêve. Que demander de plus pour aujourd'hui ? Demain est un autre jour ; demain j'aurai la force intérieure qu'il faut pour porter demain. Je dois faire confiance à la vie, à cette vie qui demain donnera à Marcel et aux enfants le dynamisme nécessaire pour survivre et se réorganiser autour de projets nouveaux. Ne pas juger demain sans la grâce et la lumière que je n'aurai que demain.

Pourquoi être malade avant d'être malade ? Pourquoi se priver de joie parce qu'un jour, on va mourir ? Vivre chaque minute qui passe ; déguster, savourer chaque événement. Vivre seulement 24 heures à la fois ; s'attarder, dans le *Notre Père*, à « Donne-nous aujourd'hui notre pain de ce jour. » Ne pas regarder demain avec les grâces qu'on n'a pas. À un des garçons à qui je demandais : « Que deviendras-tu quand je ne serai plus là ? », la réponse fut rapide, inattendue pour moi : « Mais tu es encore là, maman ! » Il avait compris, lui !

J'ai 45 ans, je suis le résumé de mon passé. La mort, c'est la totalité de mon passé, la plénitude de ma vie. Vieillir, c'est du « plus » qui s'ajoute, et mourir, c'est l'éternisation de ce « plus ».

Quand tu vis, tu dois vivre pleinement. Mais quand tu meurs, tu dois également mourir pleinement. Il y a un temps pour vivre et un temps pour mourir. Et quand sera arrivé le temps de mourir, je ne veux surtout pas que l'on cherche à me faire vivre à tout prix. Quand une pomme est prête à tomber, on ne l'attache pas à l'arbre. Elle tombe parce qu'elle doit pourrir pour en faire renaître d'autres.

On m'a déjà demandé quelle serait ma réaction devant une personne qui viendrait d'apprendre que ses jours sont comptés. D'abord, je garderais le silence. Silence et présence, quelle que soit sa réaction. Attendre que la personne ait fait son cheminement, attendre que la nouvelle résonne en elle, attendre que le Seigneur ait fait son travail. Je lui laisserais le temps de respirer, de descendre au plus profond d'elle-même. Je n'imposerais pas à l'autre ma propre réaction envers la souffrance, à la mort. Je ne lui imposerais pas non plus mon sens à la vie ou le non-sens que j'y trouve. L'autre se débat suffisamment avec sa propre mort sans qu'il ait en plus à se débattre avec la mienne, avec l'image que je m'en fais.

Dans un deuxième temps, je l'accompagnerais, simplement. Je l'écouterais et l'écouterais encore. Ne pas la nourrir de faux espoirs, ne pas proposer mes solutions, ne pas l'encourager inutilement. L'écouter. Essayer de déceler en elle le sens habituel de sa vie qui pourrait la soutenir actuellement. Quelles sont ses valeurs profondes dans lesquelles elle sache puiser ? Quels sont les projets auxquels elle puisse s'accrocher sans s'illusionner ? Cette personne a en elle tout ce qu'il faut pour surmonter cet événement, pour se raccrocher au peu de vie qui reste.

Dans un troisième temps, je lui suggérerais des activités qu'elle pourrait accomplir selon ses possibilités, pour qu'elle puisse continuer à se sentir importante pour les autres. Ça peut aussi lui permettre de passer les moments durs, de tenir le coup en oubliant.

En somme, j'inviterais cette personne à ne pas s'illusionner, à ne pas aller de faux espoirs en faux espoirs, de déception en déception. Elle n'a plus le temps. Je l'encouragerais à faire confiance en l'équipe médicale ; cette dernière fait son possible pour apporter la meilleure solution à sa maladie. Elle pourra alors se préoccuper d'elle-même, de sa propre mort ; elle pourra bien préparer sa sortie. Ne surtout pas « mourir » les derniers moments de la vie ; au contraire, les vivre pleinement. Ne pas vivre comme si la fin n'était pas imminente, mais bien plutôt vivre avec cette fin imminente. Vivre debout ; de toute façon, ce sera toujours moins dur que de ramper.

Après

Quand je pense au profond vide qui serait laissé en moi si Marcel partait, cela me donne le frisson. Parfois, je me demande comment il s'en sortira. Et pourtant, je sais que le passé est garant de l'avenir. S'il a pu se sortir de mauvais pas dans le passé, il saura aussi dans le futur mettre en place les mécanismes nécessaires. Le même dynamisme de vie le tirera en avant. Il ne faut pas juger l'avenir avec les yeux d'aujourd'hui. Dieu apporte en temps opportun l'aide nécessaire. Il met en place les personnes et les événements qu'il faut pour réaliser un nouveau projet. Il a quelque chose à lui dire par cet événement. À lui de comprendre le message.

Par rapport aux enfants, c'est un pari plus risqué que je fais. Avec mes qualités et mes défauts, je leur ai donné le meilleur de moi-même. Je me réjouis du fait qu'ils auront plus tard à rencontrer d'autres personnes qui, avec leurs qualités et leurs défauts, les aideront à grandir. Ces enfants-là vont être très riches en dedans. Mais j'ai encore un peu le sentiment de les abandonner, de laisser en plan une œuvre inachevée. Par ailleurs, ces enfants ne sont pas ma possession. Ils m'ont été prêtés, le temps de les mettre debout, de les faire grandir, de les rendre autonomes. Je ne suis qu'une aide temporaire que le Seigneur a mise sur leur route. Si le Seigneur juge bon de leur enlever cette aide, il leur en redonnera sûrement une autre. Des affections naissent et meurent, d'autres les remplacent, ni meilleures ni pires : différentes. Toutes ces affections bâtiront les richesses de mes fils.

Les garçons, Marcel et moi marchons désormais en regardant bien en face la situation présente. À l'horizon, nos routes se séparent, les projets de chacun deviendront différents, ce qui fait que nos rêves d'aujourd'hui sont déjà différents. Nous parlons ouvertement des lendemains de chacun, des craintes et aussi des joies que l'on anticipe. Se parler beaucoup, tout se dire, cela nous fait du bien. Même le sacrement des malades a été vécu non pas comme un jour à marquer d'une croix, mais comme une simple continuité du vécu de chacun : intensification de la relation avec le Seigneur et regain de force pour les jours à venir.

Mon départ ne sera pas une brisure nette car déjà une partie de moi-même est partie vers l'Avant. Une bonne part d'eux aussi file déjà vers de nouveaux horizons. Notre quotidien coule doucement, paisiblement, secoué un peu parfois par un vent de l'extérieur. Cela nous rappelle que cette sérénité n'est pas possible humainement. C'est bien une Force intérieure solide qui nous anime.

Moi, je pars. Désormais, je serai physiquement exclue des projets terrestres de mes proches. Cependant, d'une manière autre, j'y serai plus présente que jamais. De plus, je formerai un cordon ombilical qui reliera directement tous ceux que j'aime au cœur du Père.

La résurrection

Il est important que je prenne l'initiative de parler de ma mort avec les autres, et d'en parler dans une perspective de croyant. Dans la mesure où le mourant est lui-même dégagé par rapport à sa mort, dans la même mesure il mettra les autres à l'aise. Un croyant n'a pas le droit de cacher sa foi, surtout dans les derniers moments de sa vie. Lorsque quelqu'un m'approche, peu m'importe son type de croyance ou de non-croyance, je lui parle de mon espérance.

À la maison, je parle beaucoup de la mort avec Marcel et les garçons ; mais jamais nous n'abordons le sujet en fonction de la mort seulement. On en parle toujours avec une perspective de résurrection. Cela serait intenable si les deux éléments n'étaient pas présentés en même temps.

Dans la messe de mes funérailles, je suggère au président d'assemblée, dans son homélie, d'insister sur le couple mort-résurrection. Dans les textes consacrés à la résurrection, il y a l'effroi, l'effroi des humains courbés vers le sol, apeurés. Tant que l'on regarde le sol, tant que l'on a une courte vue, c'est l'effroi que l'on ressent. Mais si on lève la tête, on verra peut-être, comme les saintes femmes, un homme en blanc qui dira : « Pourquoi cherchez-vous le Vivant parmi les morts ? Allez dire aux disciples que je les précède en Galilée. »

La messe des funérailles doit suggérer que je suis toujours présente, mais autrement, dans le Seigneur. Il faut être capable de se dire ensemble la douleur de l'échec, la fin d'un monde ; mais il faut aussi manifester clairement que le Seigneur est ressuscité pour nous dire que tout n'est pas fini avec ce monde. Dans mon pari de la foi, je crois que la mort n'est pas une rupture, mais une continuité, une présence autre. Ce n'est plus une mort, mais une re-vie !

Je ne veux pas de mauve à mes funérailles. Je veux de la couleur : du blanc, du rouge, du jaune. Je ne veux pas de crucifix sans les rayons de la résurrection autour. Je préfère le cierge pascal, symbole de lumière, la Bible, symbole de la Parole de Dieu, vivante. Tous les signes de vie et non les signes de mort.

On dit que l'au-delà, c'est ce que je vis aujourd'hui et qui est digne d'être amplifié et immortalisé. Ce sera merveilleux d'aimer sans limites, de recevoir et de donner, de connaître, de déguster éternellement. Je veux que la messe des funérailles soit une messe de Pâques !

L'action de grâce

Merci Seigneur pour toutes les richesses que Tu m'as données, pour tous les chemins que Tu m'as fait suivre, pour la connaissance de ton Nom, de ton Amour pour moi.

Merci pour toutes les joies profondes qui ont accompagné cette maladie.

Merci pour Marcel, pour Emmanuel, pour Christophe, pour Pascal.

Merci pour toutes les amours que vous m'avez fait vivre. Merci pour toutes les raisons du monde de dire merci.

Rendons grâce au Seigneur, car éternel est son Amour !

CEUX QUI RESTENT

Marcel

J'ai toujours été révolté par la souffrance. Je te vois mourir tranquillement, à petit feu. Je n'avais pas vraiment vécu de très près la mort d'un être cher ; je le vis présentement avec toi.

En moi, ce qui est dominant comme émotion, ce n'est pas le drame, c'est davantage la prise de conscience que la souffrance ne me détruit pas. Au contraire, elle me fait ressentir ce que certains mystiques appellent une joie.

Être joyeux, cela veut dire : sentir au profond de moi une espèce d'accord profond avec mon Créateur. Pas de joie véritable sans souffrance. C'est pour cette raison que je me sens en affinité avec Job, de la Bible, Job qui est le prototype de celui qui souffre et aussi de celui qui est joyeux.

J'ai perdu mon père à douze ans. Avec toi, je vis l'inverse de ce que j'ai vécu à ce moment-là.

La mort de mon père a été pour moi très dramatique ; j'y ai vécu un sentiment d'isolement, d'abandon, ce qui a provoqué une perte de confiance en moi ; confiance que je n'ai retrouvée qu'à l'âge adulte. Je l'ai ressentie ainsi probablement parce qu'à ce moment-là, il n'y avait personne à mes côtés pour donner un sens à la souffrance, à l'abandon, au départ.

Ce dont je me souviens surtout de la mort de mon père, c'est que je ne pleurais pas ; cela m'a pris dix ans avant de vraiment pleurer, pleurer toutes les larmes de mon corps.

Avec toi, avec l'approche de la mort de la personne que j'ai le plus aimée dans ma vie, c'est comme une réconciliation avec cette mort, cette affreuse mort, cette dramatique mort. C'est comme si je m'en faisais une amie, tranquillement, insidieusement. Ce n'est pas brutal, excessif, total ; c'est tout doucement que les barrières tombent.

Je te disais que dans mon amour avec toi, je sentais une limite ; je l'ai identifiée maintenant. Je me disais : « J'ai peur de la perdre, j'ai peur qu'elle meure. » Depuis deux ans et demi, cette dernière barrière-là de notre amour est tombée : je ne peux plus avoir peur de ta mort puisque c'est fini. En disant cela, je me dis : « Il n'y a plus de barrière à notre amour ! » Et ce que tu m'apprends par ce que tu es, c'est que cet amour-là nous dépasse, toi et moi. La correspondance de plus en plus profonde, de plus en plus claire, avec cet amour qui nous dépasse fait que la souffrance que je vis ne peut être autrement qu'une espèce d'attendrissement.

Je disais récemment à un ami : « Le Seigneur nous pétrit comme de la pâte afin que nous devenions plus malléables » ; c'est comme cela que je perçois ma souffrance à l'heure actuelle. Cela changera peut-être ; ma perception se dramatisera peut-être davantage, elle deviendra peut-être plus désespérée. Je ne le souhaite pas ; mais pour le moment, c'est comme cela que je le vis.

Avec les précautions que l'on prend, avec la façon dont on envisage la mort actuellement et surtout avec ta façon d'envisager ta propre mort, cela sera très bénéfique pour les gars, et ça leur permettra de faire un passage qui est très difficile, mais qui ne sera pas au-dessus de leurs forces parce que nous serons capables de vivre ça nous-mêmes comme un événement naturel : c'est la fin d'une vie, puis c'est le début d'autre chose. C'est en relation avec nos attitudes par rapport à la mort que les enfants réagissent.

Nos routes maintenant se séparent. Je continuerai de vivre avec les garçons. Ça me fait peur un peu, ça me fait peur comme on a peur de l'inconnu. Je ne crains pas d'assumer des tâches matérielles, comme on disait autrefois : « Mon Dieu, ça fait donc pitié, ils n'ont plus de mère. Un père dans une maison, qu'est-ce que ça peut faire ? » Ça ne me fait pas peur parce que je suis capable de me débrouiller dans une maison ; je suis capable de prendre soin de mes enfants d'un point de vue physique, matériel.

Toi, tu étais une grande pédagogue, tu as investi beaucoup auprès des enfants à cet égard, et cela paraît aujourd'hui. Évidemment, avec moi, ça va être quelque chose de tout à fait différent, ça va être coloré d'une façon différente. C'est ça que je ne connais pas encore et c'est ça qui me fait le plus peur : qu'est-ce qui s'en vient, est-ce que je serai capable de bien saisir mes enfants, de bien les comprendre, de savoir régulièrement où ils en sont dans leur vie, d'être là pour voir à ce que les passages se fassent ? Mon rôle d'éducateur, c'est ce qui est le plus inconnu pour moi, maintenant. Mais par ailleurs, mes enfants sont plus en vie que moi ; ils sont plus jeunes, ils ont la vie devant eux. Ils ont la force physique, ils se développent rapidement. La vie est là et la vie a toujours raison, elle prend toujours le dessus. Alors, je n'ai plus qu'à la laisser couler en moi. Mais je sais très bien qu'il faut que cela passe par la souffrance et cette souffrance, il faut l'assumer.

En face de la mort, je pense qu'il y a une question de maturité. La mort, ça nous donne une maturité et aussi, ça prend de la maturité pour bien mourir. Je crois que, plus jeune, je courais après certaines choses qui finalement sont devenues de plus en plus superficielles et secondaires par rapport à d'autres, de plus en plus profondes. Entre autres, dans notre rapport amoureux, c'est comme cela que ça s'est passé ; ma foi même est une foi qui s'est épurée d'une certaine image, de certains symboles pour devenir beaucoup plus profonde, beaucoup plus enracinée dans ce que je suis. La mort, en nous repoussant dans nos dernières limites, nous dit qu'il y a une chose qui est de plus en plus importante et qui, même, devient peu à peu la seule chose importante : le sens pour lequel tu vis aujourd'hui. Vue sous cet angle, la mort n'est pas une ennemie. Ce n'est pas un drame, ce n'est qu'un passage, c'est une période dans ce quelque chose qui est plus essentiel : ce sens que tu as trouvé, c'est le dernier passage.

Ce qui reste, après que toutes ces choses superficielles sont tombées, ce qui reste de fondamental, ce ne sont pas nos petites affaires, nos petites qualités, nos petits défauts ou même nos petites amours humaines ; c'est le sentiment qu'on est inséré dans une histoire où il y a des millions de personnes qui nous ont précédés et où il y a des millions d'autres qui vont nous suivre. Et cela, ça donne la mesure de ce que je suis, c'est-à-dire un grain de poussière dans cette histoire, dans ce cosmos et dans cet univers. Et c'est ma juste mesure : ce n'est pas me mettre plus petit, ce n'est pas me mettre trop grand, c'est ma juste mesure. Et le grain de poussière qui passe, ça ne reste qu'un grain de poussière qui passe. Il y a des choses éternelles, il y a des valeurs éternelles. La grandeur de l'Église vient en grande partie du fait qu'elle promeut ces valeurs pour lesquelles et desquelles beaucoup de gens sont morts. Et nous, là-dedans, nous sommes petits. C'est ça le message que ta mort me fait passer : ma petitesse devant la grandeur qui est bien au-dessus de nos petites affaires.

POUR LA SUITE

Christophe

J'écoute le dernier enregistrement de la voix de ma mère. Elle nous dit qu'elle est prête. « J'ai tout dit. Je suis vidée. Je suis prête à partir. »

Même si j'ai étudié son message au quotidien depuis un an, même si je suis arrivé au bout de tous les documents que j'ai pu trouver, je sais que ma réflexion commence à peine. Et elle continuera d'évoluer, accompagnée par la couleur de ma mère, de plus en plus vive.

Je n'avais jamais relu son livre. Je ne m'étais jamais arrêté à penser à ce que la mort de ma mère avait imprimé sur moi. Un jour, je me suis simplement retrouvé devant cette question. Et j'ai pris le temps de l'approfondir. J'ai repris contact avec ces événements difficiles, avec la façon dont je les ai vécus à l'époque et avec la souffrance qui est encore là maintenant.

J'ai eu la chance immense d'avoir des documents pour appuyer mon travail de mémoire. Je peux connaître les mots que nous utilisions pour décrire ce moment inexplicable de l'approche de la mort et les comparer avec ceux que j'utilise maintenant.

Quand j'ai appris que maman était malade, cela m'a fait de la peine : j'étais sûr qu'elle allait mourir la première fois qu'elle est entrée à l'hôpital. C'est surprenant parce que j'étais alors plus peiné qu'aujourd'hui alors que je suis sûr qu'elle va mourir. On a parlé très souvent de sa maladie et de sa mort.

La mort pour moi, c'est aussi la résurrection. La mort, c'est une étape dure pour ceux qui restent sur la terre, les parents, les amis… Mais pour celui qui meurt, c'est plutôt la vie, la renaissance, une nouvelle existence encore plus belle que celle qu'il a vécue jusqu'ici. Ma mère, oh oui, elle va être heureuse.

- Christophe, 10 ans

Moi, cela me fait de la peine de perdre ma mère. Cependant, il ne faut pas être trop triste parce qu'on perdrait tout le goût de la vie ; on ne se concentrerait pas sur nos affaires mais juste sur la mort de notre mère. Moi, je dis qu'il ne faut pas trop se décourager, même si on peut quand même pleurer parce que cela fait du bien.

Pour rendre ma mère heureuse jusqu'à la fin, je pense qu'on devrait être encore ce que l'on a toujours été, en restant près d'elle et en continuant de l'aider.

- Emmanuel, 11 ans

J'ai à peu près tout dit de mes sentiments sur le sujet quand on faisait des « caucus » avec ma mère. Surtout le dernier « caucus », je pense que je vais m'en souvenir toute ma vie, même si ce que l'on a dit, je le savais déjà.

Il ne faut pas être triste parce que notre mère va ressusciter et elle va être avec nous, même à l'école. On sait qu'elle va être heureuse. Elle sera là, dans notre esprit, mais pas visiblement ; elle ne sera plus là pour

nous donner de bonnes idées et pour nous aider à faire
quelque chose mais elle sera là pour nous encourager.
- Pascal, 10 ans

À cette même époque, quand j'avais dix ans, je me souviens très clairement d'avoir eu l'idée étrange de demander à mon moi futur, à moi-même quand je serai grand, comme en une sorte de prière, de m'aider à passer à travers mon deuil. J'espère maintenant qu'en écrivant ces mots il a reçu mon message, et que j'ai pu le consoler un peu.

TABLE DES MATIÈRES

FSC
www.fsc.org

MIXTE

Papier issu
de sources
responsables
Paper from
responsible sources

FSC® C105338